종이배의 행로

김기덕 시집

황금마루

김기덕 시인은 강원도 동해시에서 출생하여 동해 북평중학교와 강릉제일고등학교(전 강릉상업고등학교 문과)를 거쳐 서울대학교 상과대학을 졸업하였고, 고려대학교 경영대학원과 홍익대학교 대학원을 마쳤다.

경영학 박사이며 공인회계사인 시인은 동부건설(주) 사우디아라비아 현장 관리부장을 거쳐 동부건설(주) 부사장과 감사, 삼일회계법인 고문, 외환은행 사외이사, 홍익대학교 교수를 역임하였으며, 현재 〈동곡재단〉 산하 삼동흥산(주) 회장을 맡고 있다.

월간 〈한맥문학〉에서 수필로, 〈한국문인〉에서 시로 등단하였고, 한국문인협회, 새한국문학회, 백교문학회 회원과 공간시낭독회 명예회원으로 활동하고 있으며, 저서로는 일찍이 「건설회계학(建設會計學)」을 출간하였고, 시집으로 「종이배의 행로」와 수필집 「한여름 밤의 연가」를 상재했다

• 이메일 : kdkim0526@hanmail.net
• Mobile : 010-5472-4188

• 표지와 내지 그림 : 강정구

첫 시집을 내며

"뽀로로 뽀로로 봐요"

여러 해 전, 전화선 타고 들려오는 세 살짜리 막내 손주의 천진무구(天眞無垢)한 목소리를 듣는 순간, 몸속으로 번지던 엔도르핀이 더 사그라지기 전에 이 황홀한 감흥을 글로 남겨야 되겠다고 쓴 나의 첫 습작시가 「우리 집 강아지들」이었다. 그 후, 어머니 가신 지 십여 년 만에 새삼 그리움에 목이 탄 나머지 어머니 탄신 100주년을 맞이하여 모친 일대기를 서사시로 써 내려간 것이 다음 해에 나온 「사모곡(思母曲)」이다.

이렇듯 처음에는 손주들이 커 가면서 안겨 준, 작지만 한 아름 큰 기쁨과 가족사랑 등을 습작하다 보니 그 대상이 점점 넓어져, 세월의 호수 깊이만큼 점점 깊어지는 노스탤지어의 구름 조각들, 아름다운 분당 탄천의 사계절에 따라 변화하는 자연의 속삭임들, 그리고 삶의 전쟁터에서 격전을 치른 중장년을 지내고 난 후 노년의 비워진 가슴에서 느껴지는 삶의 새로운 향기들을 읊은 시들이 차곡차곡 쌓여 어느새 이렇게 시집 한 권의 분량이 되고 보니 한편으로 마음이 뿌듯하다.

사실 나는 학창 시절 국어 시간에 배운 시 외에는 시를 접할 기회가 거의 없었다가 늦깎이 대학 교수 시절, 유력 중앙 일간지에 고(故) 장영희 교수가 매일 올린 '영미시 산책'을 대하는 순간 가슴이 감전되어, 그중 학생들에게 도움이 될 만한 여러 편을 골라

전공 수업 시간에 짬짬이 소개해 준 것이 다시금 새롭게 시와 대면한 계기가 되었다.

이로 인해 영미시를 음미할 때마다 나의 가슴 속 심연에 숨어 있던 시에 대한 소망이 점화되어, 그 이후 손주 사랑이 시로 이어지고 다양한 소재의 글로 넓혀지면서 마침내 이처럼 한 권의 시집이 탄생되기에 이르렀다.

한편, 여기 수록된 나의 시편들은 어려운 현대 시론(詩論)의 형식에서는 벗어나서 난해하지 않고, 오랜 기간 써 온 일기의 한 토막 같은 나의 생활시(生活詩)로서, 세월 따라 짙어지는 사랑과 평화 등 밝은 심상에서 비롯된 시들은 오히려 다른 시인들의 시와 다르게 구별되는 나만의 개성적 시풍이라는 생각도 해 본다.

또한, 이 시집에는 다른 시집에서는 쉽게 볼 수 없는 축시들이 여러 편 실려 있다. 고교 시절 은사님을 비롯하여 같은 직장에서 오랫동안 모셨던 분들의 산수(傘壽), 미수(米壽)에 대한 축시를 지어 수연(壽宴) 자리에서 낭송해 드린 것들인데 그분들에게 깊은 울림을 안겨드림과 동시에, 그분들 못지않게 나에게도 아마추어 시인으로서의 보람과 기쁨을 덤으로 맛보게 해 준 작품들이다.

그리고 나를 시인의 길로 인도해 주신 고향 선배 김진상 시인님께 이 자리를 빌려 고마운 말씀 올린다.

또한 이 시집에 그림을 곁들여 아름다움을 더해 주신 대학 동창 강정구 화백과, 이 시집을 가슴에 꼭 품어 안고 싶도록 아담하게 만들어 준 〈황금마루〉 출판사에도 깊은 감사를 드린다.

끝으로 어머님이 하늘나라로 떠나신 후, 구멍 뚫린 내 가슴에 금덩이 보배로 들어앉은 사랑하는 손주들, 주호, 준호, 서영, 정헌에게 이 시집을 할아버지의 귀한 선물로 안겨 준다. 그리고 말없이 내조해 준 아내와 내 보물 1호인 손주들을 잘 키워 준 사위 성한과 딸 수혜, 아들 남윤과 며느리 인숙에게도 손주들 못지않게 사랑한다는 말을 꼭 전해 주고 싶다.

2014. 6. 梨園

♣ 차례

1부 • 종이배의 행로

2부 • 꽃보다 사람이 아름답다

3부 • 이 아침, 축복처럼 꽃비가

4부 • 고요한 귀향

1부 • 종이배의 행로

우리 집 강아지들

눈에 넣어도 아프지 않을
귀엽고 소중한 우리 집 강아지들
이름 불러 외손주 주호와 준호
그리고 손녀 손자인 서영이와 정헌이
이 모두는 언제나 나의 희망이며
내 기쁨의 전 재산이란다

첫째 강아지 주호는 이제 초등학생
날마다 할애비 손을 잡고 '김주호길'로 이름 붙인
탄천 가는 아파트단지 공원을 거닐었고
어린 나이에도 유럽 축구선수들을 꿰뚫고
장래 꿈은 축구 선수나 축구 평론가가 되겠다니
아무렴, 지금부터 큰 꿈을 품어야지

둘째 강아지 준호도 초등학생
첫 돌 지나 아범 따라 외국 나들이로
제 자리매김 못하더니, 이제는
영어도 척척 우리말도 척척 막힘이 없고
할애비와 약속한 1달러 벌려고

끈기 있게 전화 거는 재테크 전문가

셋째 강아지 서영이는 유치원생
백옥 같은 고운 살결에 우애도 지극해
동생을 잘 보살펴 착한 누나 되려나 봐
어릴 때 낯가림으로 엄마 곁을 떠나지 않아
할애비 사랑을 듬뿍 주지 못한 것이
지금도 마음에 아리는구나

넷째 강아지 정헌이는 두 돌을 지나더니
이제 한창 말 배우기에 바쁜 귀염둥이
뽀로로 뽀로로
하루가 다르게 늘어나는 우리말 실력
어디서 오는 지혜로움인가
눈부신 생김으로 정헌이가 앞에 있어, 언제나
나의 한 아름 웃음은 하늘에 닿는다.

* 손주 사랑이 맺혀 쓴 나의 첫 습작시임.

사모곡(思母曲)

– 어머니 탄신 100주년 추모 시

오백 년 이어 온 왕조(王朝)가 마지막 숨을 거두기 한 해 전
광활한 뒷들(北坪) 남서쪽 봉정리의 고래 등 같은
옛날 기와집 '꾀꼴댁'에서 태어나시어, 방년 나이에
이웃마을 배골(梨島里)의 청빈한 '단실댁' 선비 집안으로
시집오신 우리 어머니 홍아기 조반나,
하느님 나라로 떠나신 지 십이 년이 지났고, 태어나신 지
올해로 100년의 세월이 흘러 한 세기가 되었다

어릴 때 어머니 손잡고 외가에 나들이할라 치면
한밤중 뒤란 울울창창 대나무 숲에서 들리는 휘~익 하는
바람소리가 귀신소리로 들려 어머니 치맛자락에 매달리고
부엉이 방귀 뀌어 큼지막한 옹이가 생겼다는
뒷산 노송은 지금도 그대로 있을까
추억의 강을 거슬러 올라가 본다

어머니 일생은 우리나라 근대 역사
일제 36년을 옹골지게 겪으시고, 해방, 전쟁, 혁명의
회용돌이 속에 자식들 올곧게 키우시느라 얼마나
힘드셨으면 '찌리고 따갑다'는 말을 입에 달고 계셨을까

전쟁이 끝나고 궁핍했던 유년 시절
이름말, 비천골로 함께 쑥 캐러 다니시던 어머니 회상
부뚜막에 고사떡 차려 놓고 아들딸 잘 되라고
삼신할머니한테 빌고 또 빌던 모습
지금은 잔영이 되어 그리움으로 남아 있다

동네 제삿날 생일날 모두 외워
총기 좋기로 온 마을에 이름을 날리시고
여름철 어머니가 해 주신 천렵국 추억의 맛은
지금도 세상 온갖 산해진미 맛을 무색케 한다

서울 사는 셋째 아들 집에 다니러 오셨어도
제대로 호강 한 번 못 시켜 드리고
바쁘다는 핑계로 동물원 구경도 못 시켜 드린 것이
지금껏 가슴 속에 회색의 멍울로 남아 있다

막내아들 집 삼성동 아파트에서
막내딸 사는 홍실아파트로 가시느라
넓은 영동대로 건널목의 짧은 신호등에 맞추려

치맛자락 휘저으며 팔자걸음으로 뜀박질하듯 건너시던
그 모습이 지금도 눈에 밟힌다

슬하에 3남 2녀, 오 남매를 두시고
그들이 또 네 명의 손자와 여섯 명의 손녀를 낳고
그 손자 손녀가 또 증손. 외 증손 열두 명을 낳고
대를 이은 사위 며느리 합쳐 가솔이 서른아홉 명,
어머니 뿌린 씨앗들이 세세손손 번창하여
하늘나라에서 어머니 다시 뵙기를 두 손 모아 비옵니다

큰 딸 마리아 수녀의 인도로 하느님을 섬기시며
새벽미사에 참례하여 기도로 날 새우시던,
지금쯤은 천상에서 만복을 누리고 계실 어머니

돌아가시던 해에는, 큰 소리로 무슨 이야기를 하여도
히죽 웃기만 하시고 알아듣지 못하시더니
이윽고 아버지 기일(忌日) 아흐레 앞두고
우리 곁을 떠나가신 어머니

초록산록 양지바른 안택에 몸 뉘이시고
열두 폭 병풍 펼쳐 놓은 듯 아름다운 취병산을
눈이 시리도록 바라보시며
자손들 안녕을 밤낮으로 빌고 계실 어머니

어머니 돌아가신 지 이제 겨우 10년 남짓
어머니 여윈 슬픔도 시간 속에 풍화되어
눈물이 마르고 가슴 저려옴이 무뎌져
더 불효자 되기 전에 이 사모곡을 올립니다

어머니 부름 받아 이 세상에 태어난 우리 오 남매
여든 줄, 일흔 줄에 접어들며 앞서거니 뒤서거니
어머니 곁으로 돌아갈 나이테들입니다

부디 하늘나라에서, 먼저 가신 아버지와 함께
이승에서 못다 한 해로를 영원토록 누리소서!
어머니, 우리 어머니!

* 어머니 生 (음) 1909. 3. 4 ~ 卒 (양) 1997. 2. 5

내 고향 배골

동산재 치맛자락에 살포시 감싸여
전천의 엄마 젖줄 자양분 삼아
예부터 살기 좋은 명당 마을에
내 고향 배골이 안겨 있네

배꽃 향기 그윽한 고샅길 지나
초가지붕 뒤져 참새 잡고
멱 감던 추억의 강은
어머니 손길
차마 잊으랴

서녘 노을에 실리우던 저녁 연기는
세월의 뒤안길로 사라졌어도
문전옥답이 낳은
배골 인재들의 발자취는
면면히 이어져 찬연히 빛나리.

교실 풍경

6 · 25 동란 휴전 직후
모교 중학교에는
읍내 학생들이 절반 되고
나머지 절반은 항구도시 묵호 출신과
탄광도시 도계 출신이 엇비슷했었지

아침 수업 시간에 맞추어
통학기차로 조금 일찍 도착한 묵호 학생들이
왁자지껄 교실에 들어서는 순간
실내는 퀴퀴한 오징어 냄새로
순식간에 점령당하고

조금 늦게 도계 학생들이 떼를 지어 들어오자
갑자기 교실이 새까매지며
도계와 묵호 출신은 각기
연탄 가루와 오징어 냄새를 무기 삼아
교실 내 헤게모니 쟁탈전이 벌어진다

묵호 출신 단짝 벗의 살찐 오징어와

우리 집 마당가의 잘 익은 찰감을
물물교환 하던 중학 시절
풋풋한 5월 닮은 그 시절 잔영들이
반백 년 영원의 벽을 뚫고
찬연한 그리움으로 떠오른다.

한여름 밤의 꿈

오십 겹 세월의 나이테를 도려 내어
학창 시절 여름 방학 때
태고의 정밀(靜謐)에 쌓인 전천 제방 둑에서
펼쳐졌던 한 조각 낭만의 파라독스가
새롭게 아련하다

평양에서 피난 나온 여고 3학년
이름같이 청초한 선(仙)이랑
시골뜨기 대학생의 못다 핀 연정이
세월의 무게만큼 깊은 심연(深淵)에서
애잔한 그리움으로 묻어난다

나른한 여름 권태를 즐기며 방학 동안
서녘 노을 핏빛으로 물든 강둑에 앉아
우주를 품에 안은 듯
함께 부르던 사랑의 연가
떠나버린 페르귄트 기다리는
솔베이지의 노랫소리가
지금도 아슴아슴 가슴을 적신다

고향 바다 할미바위에 걸터앉아
오징어잡이 간드레 불빛이
그믐밤 별빛 같은 동해바다와
갯목의 야경을 반주 삼고
교교한 7월 보름달빛에 취해
슈베르트의 세레나데 듀엣으로 부르다
방학과 함께 끝나버린
첫사랑의 꿈은
한여름 밤의 남가일몽(南柯一夢)이런가.

북평장

18세기가 저물어 가는 정조(正祖) 20년
인심 좋고 물산 풍부한 강원도 동해 땅에
큰 장 열리니, 이름 하여 '북평장'

삼척 관내 다섯 고을 돌아가며
매 3일, 8일에 열리는 5일장인 북평장은
해산물 농산물 임산물이 넘쳐 흘러
세월의 강물이 불어날수록 번창하여, 지금은
나라에서 모란장 다음 큰 5일장으로 성장했다

장날은 서민들의 삶을 풀어내는 축제의 날이다
영동지방 장돌뱅이들의 신명나는 풍악이 울리는 날이다
해가 동산재에 뉘엿거릴 때쯤 되면
배골 아랫마을 우리 집에는 윗마을 대소가 친척들이 모여들어
봐 온 장보따리 풀어 헤치며 이야기꽃이 그칠 줄 모른다

양편으로 미루나무가 뻗은 신작로를 따라
나이 드신 어른들은 도포 자락 휘날리며 장 보러 가고
여인네들은 장보따리 이고 들고 몰려가던 물결 같은 흐름

아이들은 트럭 꽁무니 뒤따라
흙먼지 속에서 휘발유 냄새 맡으며 달리던 모습
이 모든 잔영들이 추억의 호수를 찰랑거린다

일정시대, 구 장터에서
주재소가 있는 신 장터로 옮긴 북평장
남쪽 끝자락의 쇠전, 골목길의 어물전,
한복판의 포목전, 우체국 앞 싸전 등
시 승격 후 지금쯤은 얼마나 많이 변했을까

초등학교 졸업 50주년 행사 모임 때
옛적 코흘리개 벗들과 함께 장터 좌판에서 먹었던
메밀묵 맛, 고향의 맛이 지금도 혀끝에서 감돈다

나그네살이 길어질수록 고향 그리움이 깊어진다
삶이 넘쳐나는 북평장, 뒷들의 젖줄인 전천,
큰 바위얼굴인 두타산과 신선이 노니는 무릉계곡
그리고 동해바다는 내 고향 뒷들의 오우(五友)이다

이 다섯 벗 중 자연이 아닌 것은 북평장이다
참고향 맛이다. 긴 인생의 유랑 끝에도
그 참맛, 북평장은 그대로 남아 있으려나!

쌀 한 가마니 효도

전선의 총성이 멎은 해
초등학교 6학년 시절
포연을 뚫고 어김없이 찾아온 가을 어느 날

향토 기업 북삼화학이 주최한 '반공' 주제의
읍내 초등학교 대항 웅변 대회에 모교 대표로 나가
우승한 상품은 쌀 한 가마니였다

보리개떡과 운크라 원조물자 밀가루 수제비로
끼니를 때우던 그 시절
쌀 한 가마니 효도의 무게는
저울추로 달 수조차 없었다

유년 시절 기특했던 추억의 샘은
긴긴 세월 지나도 마르지 않아, 지금도
아름다웠던 가난과 겹치어
아련한 그리움의 파문으로 밀려온다.

홑겹 무명수건

어릴 적, 머릿결이 백설 같으셨던 할머니 슬하
우리 여덟 식구 소꿉살림 살 무렵

조각달만 한 홑겹 무명수건 달랑 하나
고리 만들어 기둥 못에 걸어 두고
한 사람씩 세수하고 얼굴 닦을 때마다
금세 물에 흥건히 젖는다

동기간 정이 덕지덕지 묻어난다
젖은 수건 짤라 치면
정은 수정 방울이 되어 바닥에 통통 굴러 떨어진다

(윗대 세 분 안 계신 지금 세상은
형형색색 타올 수건 지천으로 넘쳐나지만…)

세모의 칼바람이 찰수록
모진 세파에 할퀴어 빈 허울만 남은 우리 5남매
소꿉살림, 무명수건에 담긴
그 정이 지금은 그리움으로 서려온다.

누님들에게 바치는 시

전선의 포성이 간간이 들리던 시절
광활한 뒷들 서북 미루나무 교정에서
초록빛 우정을 맺은 지 육십여 년이 지난
여섯 분 누님들

옥계 부잣집에서 일찍 유학 온 옥련 누님
송정 역전 골목 집, 덧니가 생글거리던 숙희 누님
쇄운골 기와집, 흰 살결이 백옥 같던 순덕 누님
새 장터 살며, 조곤조곤 말 잘하던 숙녀 누님
굴미실 한약방에 글 향기 은은히 풍기던 집의 경춘 아재
배골 선비 집안, 나의 누님 마리아 수녀님

여름이면 전천 흐르는 물에 발 담그며
밤하늘의 은하수 별 헤아리며 우정을 나누고
겨울이면 아랫목 이불 밑에 손 모아
분홍빛 미래를 노래하던 꿈 많은 여고 시절 누님들 모습

어언, 추억의 샘물로 가득 찬 인생의 뒤안길을 돌아보며
서녘 노을에 실리운 황혼을 즐기고 계시는 누님들

그렇지만, 오늘도 옛날같이 파란 하늘에 꿈을 싣고
못다 피운 소망을 아롱아롱 맺으소서

세월의 켜로 곱게 단장한
보고 싶은 누님들, 그리운 얼굴들
소년 시절 누님들의 귀여움을 한 아름 받던
나, 어느 사이 고희 되어 누님들께
술 한 잔과 함께 사랑의 시 한 수 올립니다.

목련 젖몽우리

춘분이 지나자
하루가 다르게
벙글어 오르는
젖몽우리
남이 볼세라
몰래 훔쳐본다

청명 무렵
방년(芳年)에 이르면
잎 가림 하나 없이
옷고름, 수줍게
풀어 헤쳐
희디흰
옥동자 낳으리

그 눈부심!

탄천 예찬

분당 가로지르는 네 이름은 탄천
옛날 옛적, 숯장수가 숯 구워 팔아
검게 변했다는 전설이 깃든 강.
검은 이름과는 달리
너는 우리 고장의
맑은 영혼의 젖줄이란다

늦은 밤, 하늘의 별빛을 품에 안은 너를
옆구리에 끼고 산책길을 거니노라면
너는 내 핏줄로 이어져
내 시의 샘물이 된다.
표주박으로 한 주걱씩 퍼 담을 때마다
내 마음에 시상을 적셔 준다

너는 어디 마음의 양식뿐이랴
너의 길동무인 우레탄 길을 걸으면
병마는 겁에 질려 자지러진다
너는 나의 영육 간에 보배이다

오늘도 걷는다
네가 있어 아름다운 이 길을,
허풍으로 잰 낚시꾼이
월척 한 마리를 또 건져 올렸구나
고맙다, 탄천아!

아라비아 사막의 노을

젊은 시절, 이역만리
사우디 왕국의 페르시아만 해안 도시
담맘과 주베일 넘나들며
내 젊음과 원유시추 가스 불 중
누가 더 붉게 타오르는지를
내기하던 한 때가 있었다

알코바에서 십 리알 주고 산
반 고흐의 해바라기 그림 한 장으로
텅 빈 충만감을 가득 싣고
주베일 캠프로 돌아가던 저녁 무렵

낙타가 하품하며 늦은 하루의
게으른 권태를 즐기는 사막 위를
자동차가 속도를 낼수록
신기루 호수도 놓칠세라 뒤 따라온다

구름마다 물감 묻힌 붓이 휘젓는 대로
핏빛으로 채색되는 저녁노을이 장엄하다

알라신의 걸작품이다

신기루 호수도 하늘의 노을을 마주 보며
주황색 빛의 향연을 벌인다
허상이 실상보다 더 아름답게 보이는
아라비아 사막의 절묘한 예술이다

긴 세월의 실타래 풀린 오늘도
산책길의 광교산 너머 서녘 노을이
아스라한 사막의 하늘 빛깔이다.

약속 지키기

일찍이 직장의 별을 단 이래
서신석, 김봉희, 김효정, 박미란, 김미경 양
차례로 내 도우미 일을 했던 다섯 여사원

하나같이 얼굴은 흰 목련이요
마음결은 이른 봄 버들강아지 닮아
그 낭자들과 함께했던 시절이 어쩌면
내 삶에서 가장 행복하고 보람 있었던 때인 듯…

별의 후광 받아 모두들 사내에서 훌륭한 제 짝 찾아
아름다운 가정 꾸렸으니 대견스럽고 고맙구나.
지금쯤은 곱게 나이 든 오십 대의 할머니(?), 그리고
사십 대의 대한민국 아줌마가 되어 있을 테지…

하나씩 새 둥지 틀어 내 곁을 떠날 때마다
오랜 세월 지나 우리 다시 만나자고 한 약속을
오늘 일흔 살 귀빠진 날 함께 모여 지키려 한다

별빛마저 초록빛 띠는 오월

아끼고 정들었던 옛 부하 동료들과 재회할 부풀음에
잠자리 날개 끝 떨리는 순간의 기쁨이 피어난다

옛적 도움 받던 내가, 이젠 거꾸로
미스 서, 미스 김, 미스 박의 인생 앞길에
참새 앞가슴 깃털만큼의 도우미라도 되고프다

고운 사념의 그림자가 달빛에 드리운다.

종이배의 행로

무릉계곡 실개천 위로
두타산의 정령(精靈) 담은
종이배가 떠내려간다.
여울과 소(沼)를 힘들게 지나고
고요한 물길도 지나
내 종이배를 띄운 세월의 강은
6학년에 접어들고
시나브로 9반에 이르렀다

개천 끝머리에서 용트림 한번 하고
종이배는 넓은 들판 깊은 강에 닿아
물고기들과 동무하며 아래로 흘러간다

세월의 강이 7학년에 다다르면
더 배울 과목은 문 · 사 · 철(文 · 史 · 哲)과 복지학일 터
인문학의 집터 위에 사랑의 집을 실은
종이배는, 갯목에 이르러
짠물에 달빛 적시어
상처받은 고기들을 어루만져 주며

더불어 노닐다가

어느 폭풍우 치는 날
큰물에 휩쓸려 바다에 흘러들어
새끼별, 종이배에 싣고
우주 품을 유영하리.

아프리카의 별

– 故 이태석 신부님을 추모하며

주일, 아프리카 남부 수단 톤즈 마을에서
불꽃 같은 삶을 살다 선종하신
고(故) 이태석 신부님의 생애를 담은 다큐
'울지 마 톤즈'를 보다

형제 중 세번째로 주님의 부르심을 받아
사제 되신 의사 신부님은
내란으로 붉게 물든 검은 대륙에서
검은 사람들을 위해
하얀 마음으로 삶을 바친 착한 목자

(…한센병자들과 함께 뒹굴다가
몹쓸 병에 전염될까 조마조마했던
나의 어리석음!)

하느님이 특별히 선사하신 그 많은 재능을
가장 가난한 사람들을 위해
온전히 실천한 사랑의 사제

언제나 이들과 함께라면
이곳이 바로 천국의 평화라는
그 웃음 띤 아름다운 영혼의 말씀

이젠 사랑의 꽃향기로 피어나
아프리카의 빛나는 별이 되어
국경 없는 하늘에서 검은 땅을 환히 비추리

붉은 단복에
하얀 이빨이 유독 빛나는 소년들의
브라스 밴드 마지막 이별곡는 우리나라 가요
'사랑해 당신을~ 정말로 사랑해~'
들으면서 눈물이 비탄의 강을 건넌다.

* 2010. 10. 31일자 '평화신문'에 게재.

그리움의 꽃대궐

반백 년 전
이역만리 독일 땅 천길 지하 갱도에
지아비 묻고 청상과부 된
고향 친척 형수 한 분

그리움 한 켜 쌓일 때 채송화 한 줌 심고
또 한 켜씩 쌓이면 분꽃, 창포 꽃 하나씩 심어
그리움이 점점 앞동산만큼 커지면서
작은 뜨락은 꽃대궐 이루었네

별빛 따라 찾아오실 지아비 맞으려
융단보다 보드랍게 가꾼 금잔디 마당은
한 조각 영혼의 호수이어라

꽃대궐 속에서 성녀처럼 사시는 형수님
인고의 세월 끝에 지아비 만날 날 멀지 않았으니
장차 그림자 같은 이승의 세월을 벗고
마음속 슬픈 눈으로 그리던 지아비 얼굴을
꽃 보듯이 알아볼 수나 있을까나.

고향의 소리

오랜 세월
어머니 생전에 드렸던 주말 안부전화를
효도하는 것으로 자위해 오다
내 삶의 상징 같던 어머니 떠나신 후

지금은 형님과 형수가 대를 이어
고향을 지키고 있다
두 분과의 "별일 없느냐" "날씨는 어떠냐"
이 짧은 대화 속에서도

양철지붕에서 떨어지는 낙숫물 소리,
뒤란 대나무 숲에서 새순 돋아나는 소리,
대문 옆 석류나무에서 석류 알 빠알갛게 터지는 소리,
마당가 감나무에서 노랗게 감 익어가는 소리,
전천의 은어들 사랑을 속삭이는 소리,
꿈속 그리던 고향의 소리가 전화선 타고 들려온다

마당 한복판
우리 집 수호신인 노송에서 풍기는 푸르른 솔향기

여름 내내 피는 배롱나무의 붉은 꽃내음
코끝에 익은 고향 흙 냄새도
고향소리와 함께 묻어온다

매 주말, 듣고 맡는 이 모든 것은
내 영혼의 양식된다.

영원한 스승

– 산수 맞으신 최인선(崔仁善) 선생님께

'동해바다 우렁차게 해가 솟으면
대관령 빛을 모아 장엄할시고'
지금도 부르면 가슴이 뛰는 교가 제창하며
창공에 닿을 듯한 높은 이상을 품고
청운의 꿈을 가꾸던 교동 언덕 한가운데에
언제나 선생님께서 우뚝 높게 서 계셨습니다.

선배이신 선생님께서는
한 줌 재가 다 되도록 젊음을 연소시켜
저희들이 사회에 나가 제 몫 다하도록
친동생 돌보듯 채찍과 사랑으로
아끼고 또 아껴 주셨습니다.
"고맙습니다."라고 이제야 절 올리는
저희들의 무심함을 한껏 꾸짖어 주십시오.

저희들이 아무리 나이가 들어도
아무리 고관현직에 올라가도
아무리 학식을 많이 쌓더라도
아무리 세속사에 지혜로워지더라도

선생님 앞에 서노라면, 지금도
까까머리 고등학생일 따름입니다.

한 아름 넘치는 선생님 품을 떠난 지 어언 반백 년
흐르는 세월의 강물 속에 선생님 춘추 어느덧 팔순
10년의 수레바퀴 두 번 구르면
선생님께서는 백 세 되시고,
저희들도 아흔 줄을 바라보게 되니
그때 우리 모두 다시 모여
사제 간에 백수연, 미수연 큰 잔치 함께 벌여
어~화 두둥실, 한번 취해 볼거나!

학창시절 뭇 스승님들, 모두 하늘나라에
계신 가운데, 저희 담임선생님은
이렇게 뵈올 수 있다는 게 은혜 중의 은혜로다

이제 저희 후배 제자들 나이 들자 철들어
한 뜻 모아 비오니, 선생님, 최인선 선생님
만수무강하옵소서!

텃밭의 보석

됫박만 한 텃밭에
옮겨 심은 고추 모종은
요술방망이

여름 내내 풋고추
따고 또 따도
가을 되니, 덕장에
황태 두름 매달리듯
가지마다 붉은 보석이 가득하네

처서 지나 청량한 하늘 이고
빠알갛게 제 몸 태워
그 눈부심이
안광을 피멍 들게 하니

이 희열이
보석 열매가 주는
사랑이련가.

3월의 눈

'3월의 눈'은
'백성희 장민호 극장' 개관 기념 연극 제목이다
내 심연 깊숙이 그리움으로 똬리를 틀고 있는
한옥(韓屋)이 무대 배경이다

손주 위해 고택의 문짝 마룻장을 하나씩
한옥업자에게 팔아 넘기고
덤덤히 요양소로 떠나가는 장민호의 뒷모습이
제 살덩이 떼어 주고 죽어가는 가시고기 형상이다

"3월에 내리는 눈처럼 금방 녹아 없어지는 것이 인생이지…"
원로 배우의 독백은 차라리 제행무상(諸行無常)이다

그렇지만, 단순한 사라짐이 아닌
새로운 창조를 잉태한 우주의 질서가 엿보인다
영혼의 거울에 담백한 빛깔이 비친다

연극도 가끔 보아야겠다.

2부 • 꽃보다 사람이 아름답다

뒤로 걷기

뒤로 걷는다
관절에 좋다기에
황혼녘 산책길을

눈에 익은 풍경들이
걸을수록 멀어진다
우리네 삶의 발자취와도
닮았나 보다

지나온 시간의 궤적을
새김질해 본다
저 멀리 아프리카 북소리처럼
아련하다
티끌 한 점
가물거린다

되돌아 바로 걷는다
나이 속도로
전봇대들이 휙휙

지나간다
세월의 빠름에 새삼 놀라
다시 뒤로 걷는다.

50년 만의 귀향
–강릉제일고등학교 졸업 50주년을 기념하며

조국 산하를 붉게 물들이던
포성이 멎은 지 삼 년
영동의 준재들이 이곳 고도(古都)
교동 언덕에 다 모여들어
뜨겁게 끓는 젊음을 차가운 이성으로 누르며
달빛을 햇빛 삼아 학업을 갈고 닦아
드높은 웅지를 품고, 마음의 고향
어머니 품을 떠난 지 어언 반세기

계절 따라 검고 푸른 교복을 번갈아 입고
왁자지껄 길이 좁을세라 오르내리던
세종로보다 넓은 교정 언덕길,
동기생 최 군이 토해 내던 쩌렁쩌렁한 사자후에
그 높은 지붕이 날아가 버릴 듯하던
세종문화회관보다 더 큰 강당,
방과 후 만발한 벚꽃의 하얀 향기에 취해
자이언트 응원가를 목청 높이 부르며
젊음을 불태우던 추억의 강물
이 모두, 고희가 되도록 차마 잊으랴

재학 중에 무서웠던 사라호 태풍을 겪고
자유당 부정선거에는 분노하였으며,
졸업 후에 혁명과 민주화의 격랑 속에
우리 18기는 농업, 교육계, 공무원, 기업 등 각 분야에서
조국 근대화의 최일선 주역으로 몸을 불살라
가난을 벗고 선진국으로 올라서게 하는 가운데서도
'우리 모교에 영광 드리자' 라는 교가 끝 구절을
한시도 잊지 않고 지내는 사이
시나브로 우리 나이 어느덧 일흔

하루 중 석양의 노을이 가장 아름답듯이
우리들 황혼의 후반 인생도
주황빛 구름과 더불어 노닐며
먼저 가신 은사님들과 벗님네들이
천상에서 만복을 누리시길 기도드리자.
아울러, 이만여 선후배 동문을 서로 아끼고
소외 받는 이웃들 사랑으로 보듬으며
나이 든 청춘으로 활기차게 살다가
모교 개교 100주년 되는 해

다 함께 웃는 모습으로 다시 모여
손자 손녀 불러 모아 손에 손잡고
지화자 둥둥 격양가를 불러 보세.

천상의 길

'우리도 잘 살아 보세!' 함성이
열사의 아라비아 사막까지
메아리치던 시절

모래 바다 위 외줄기 길 따라
향수 가득 싣고
주베일 숙소로 돌아가는 밤

하늘에는 우주의 별들이 다 모여
별들의 엑스포를 연다
어릴 적, 여름밤 고향 하늘 별밭이다
어린 왕자의 영혼이 살아 숨쉬는
사하라 사막의 별빛이다

선한 눈망울의 낙타 숨결 깃든
사막 위로 쏟아져 내리는 별비 맞으며
천지간에 홀로 가는 이 몽환의 길은
천상의 길이다
아득~한 꿈결 속에 살아 있다

사막에서 시간은 흐르지 않고
고일뿐이다.

억새꽃

강변 고수부지 햇살 내리고
소복하게 꽃피운 억새밭
잔물결 이는 은빛 파도

억새꽃 대궁은
빗물로 빈 자궁 채우고
소슬바람 소리 들으며
가을을 분만한다

억새꽃 마디마디
매어달린 은빛 음표는
바람의 지휘봉 따라
하늘하늘 머릴 흔들며
가을을 노래한다

이 순간, 가을이 가을다운 것은
오로지 억새꽃 흔들림 때문.

검단산의 달

예순여섯 해 살아오면서 처음으로
음력 섣달 열엿새와
양력 1월 11일이 겹쳐지는
아내 생일, 일요일 저녁 해거름의
워커힐 중식당

1개 분대 우리 식솔 모두 모여
벌리는 생일 잔칫상, 탕수육 한 접시에
자장면 한 그릇씩이지만
분대원들의 정(情)에
이국적 야경의 아름다움이 더해져
산해진미(山海珍味) 부럽지 않다

저녁 어스름이 스멀스멀
한강을 감싸 안자
팔당댐 검단산 위로
희끄무레한 둥근 모습이 솟아올라
모두 달인지 아닌지, 분간이 안 되는 순간
금방 한 뼘 두 뼘 하늘을 살라 먹으며

빛깔이 진해지자
세 살짜리 막내 분대원이 창가로 달려가며
탄성을 지른다. 달이다!

1톤짜리 사랑

설날 아침
뉴욕 사는 열 살 손녀
서영이와 나눈
1톤짜리 사랑
전화 첫마디

"서영아-"
"할아버지-"

"서영아-"
"할아버지-"

"서영아-"
"헤…"

* 고(故) 금아(琴兒) 피천득과 딸 서영이를 떠올리며.

군자란

선비 이름 지닌 군자란
난과(蘭科) 양반 집안에서
서출 대접 받아
이름값 못하고 있는 너

베란다에서 적자인 동양란과
더불어 생활하며
적자는 몇 년에 걸쳐 한 번씩
출산을 하지만
서출인 너는 연년생으로 몸을 풀어
집안을 경사스럽게 하는구나

베란다에 놓인 너를 보노라면
어릴 시절, 샛바람 맞으며
시골집 자그마한 화단에서
붉은 명자나무 꽃과
봄의 쟁탈전 벌이던 추억이 아슴하다

너를 보며

수구초심(首丘初心)에 잠겨 본다.

기차 추억여행

1. 상행선

문득, 학창 시절 방학 때 기차여행이
추억의 보물창고에서 낭만으로 피어난다

두타산 넘어 뉘엿뉘엿 지는 해의 전송받으며
고향 역을 떠난 기차는
탄광촌인 나한정역-흥전역을 지그재그로 기어 올라
심포역에서 승객들을 몽땅 토해 낸다
병사들이 고지를 탈환하듯
가파른 통리재를 뛰어오른 승객들은
통리역에서 다시 기차를 갈아타고
자정 무렵, 영주역에 닿는다

승객 중 젊은이들은 너나 할 것 없이
역 구내 국숫집으로 달려가서
고춧가루 듬뿍 뿌린 올 굵은 가락국수를
두어 번 젓가락질로 게 눈 감추듯 먹고
국물 한 방울 남김없이 마시는 데 걸리는

시간은 이삼 분, 꿀맛이다
풍요로운 지금도 산해진미 앞에 놓고
그 시절 가락국수 맛을 잊을 수 없는 것은
왜일까

중앙선으로 갈아탄 기차는
어둠을 길벗하여 청량리역의 여명을 향해
초록빛 꿈을 가득 안고
달리고 또 달린다.

2. 하행선

방학 첫날, 해거름 저녁
고향 역을 향해 청량리역을 떠난 기차는
밤새도록 치악산, 태백준령을 숨차게 넘어
마침내 아침 무렵 미로면 도경굴을 지나
황토 흙 지상벌을 달린다
내 마음은 벌써 반짝이는 떨기별이 된다
저 단실 산모롱이만 돌면
동해바다를 품에 안은
드넓고도 비옥한 내 고향 뒷들이
눈을 부시게 하리

철길에서 지척 거리인 생가 마당에는
온 가족이 모여
한 학기 만에 대처에서 돌아오는 막내아들
차창의 모습 보며 마음껏 손을 흔드리
언제나처럼

이 기쁨의 전율 싣고
기차는 지상벌을 달린다.

봄이 오는 소리

밀레니엄이 바뀌고
십 년의 수레 한 바퀴 굴러
새해 소한 날
강변 산책길을 걷는다

하늘에서 선물 내린
결 고운 백설기 이불 밑
안온한 대지의 자궁에서
발끝으로 들려오는
가냘픈 생명의 숨소리
봄이 오는 소리

갈갈이 찢겨진 이 땅의 갈등도
낮은 숨소리로 찾아드는
봄의 입김으로 보듬어지면
화평의 꽃을 피우리니

소망을 담아
오는 봄을 기다린다.

춘산척촉(春山躑躅)

경칩 지나 이매촌 매지봉 등산길
온갖 풍상의 울울한 참나무 숲속
듬성듬성 볼품없는 리기다소나무,
나목들 가지 사이로 보이는 하늘에
구름 한 점 흐른다

저만치 무리진 철쭉꽃 봉우리가
부푸는 내밀한 소리,
영감 지닌 화가의 붓끝이라면
그려 낼 수 있으련만
무딘 나의 펜촉으론
읊어 낼 수 없네.

* 척촉 : 철쭉.

꽃보다 사람이 아름답다

곡우 지나, 비 온 뒤 쾌청한 어느 봄날
이 세상 꽃 중 가장 눈이 부신 벚꽃, 개나리가
흰색, 노란색으로 탄천의 하늘과 땅을 수놓은 날

이들을 시샘하듯 강변길 따라
꼬리에 꼬리 물고 달리는 마라토너들의

형형색색 움직이는 칼라는
제자리 서 있는 화려한 꽃들보다 아름답다

달리는 건각들엔 생명이 솟구치고
일그러진 얼굴엔 웃음꽃이 피어나고
발자국마다 봄의 향기가 묻어난다

엄마 등에 업혀 함빡 웃는 아이처럼
꽃 축제 속에 삶의 기쁨 넘실대는
봄날 중의 봄날 아침.

하얀 마음

성바지 다른 두 사람
살 섞어 한 몸 된 지
사십 년째 되는 올해
홍콩(香港) 여행길

황금 시절 '모정'(慕情)의
추억이 강심을 적신다

가이드 좇아가던 아내가
해일 이는 사람의 물결 속에
뒤처진 남편을 놓칠세라
뒤돌아보던 아슴한 그 눈빛에서
세월에 녹아든
투명한 믿음이 우러나고
순진무구한 하얀 마음이 비추인다

마음도 하나 된 마음이다.

솥비마을의 고요

5월 초하루, 메이데이 휴무 날
신록의 눈웃음에 넘어가
아내와 단둘이 봄맞이 드라이브 길
중미산 끝자락 솥비마을* 지난다

마을의 고요가 깰까 봐 차를 멈춘다
인영(人影) 하나 보이지 않고
닭 우는 소리, 개 짖는 소리조차 들리지 않는다
시간이 정지된 마을에 적막이 흐느적거린다

길섶의 제비꽃, 애기똥풀, 이름 모를 야생화들은
제 몸 불살라 아름다움 뽐내고,
연초록으로 물든 산하에는
첫돌 지난 아기의 천진무구함이 묻어난다

마을 한복판 6백 년 수령의 은행나무 밑 정자에 앉아
푸른 구름 바라보며 태곳적 고요로 배불린 후
주변 묵정밭에서 취나물을 캔다
흙에서 전해오는 봄의 생기로 손끝이 경련을 일으킨다

'솔비' 이름처럼 소붓한 마을에서
나는 잠시 저리도록 시린
육신의 허무를 씻어 낸다

그 빈터에, 금세, 이 세상에서 가장 순결한
사랑과 평화가 스며든다.

* 솔비마을 : 양평군 서종면 정배리 마을.

예행연습

연휴 마지막 날
아내 눈치 피하려 책 한 보따리 꿰어 차고
아파트 단지 소공원으로 피난 나오다

차 소리 아스라이 피안에서 들리고
풀벌레 현악곡 울리는 숲속 벤치에는
고요가 자욱하다

책 활자에 붉게 물든 눈동자를
강물 여물어 가는 초가을
청자빛 하늘에 씻어 헹구고
월간지 글자 뿌리째 뽑는다

긴긴 오후 한나절이 이렇듯 흘러간다

옷 벗을 날 멀지 않아
오늘 하루 예행연습 해 본다.

춘설

경칩 지나 삼월 중순
뜻밖의 대설경보 뉴스 특보에 감전되어
밤늦게 나선 탄천 산책길
경보에 놀라 인적 없는
백색 선계를 홀로 걷는다
우산 든 신선이 된다

하늘에서 내리는
폭신하고 따뜻한 목화꽃이
가로등 불빛에서 연출하는 군무 속에
내 마음도 동화되어 함께 춤을 춘다
영겁 속으로 빠져든다

물오른 버들강아지는
흰 누에고치로 변하고
겨울의 혼령은 발걸음 옮길 때마다
떠나기 싫다는 듯
뽀드득뽀드득 이를 간다

철 잃은 장설, 봄눈 녹듯 사라지면
섬진강 산수유 마을의 노란 향기는
실바람 타고 산모롱이를 넘어와
봄이 옴을 알려 주리.

청천강 대형(大兄)

–조화숙(趙和淑) 회장님 산수연에 부쳐

80년 전 오늘, 평안도 땅 안주 고을
청천강변 아름다운 마을에
밤하늘 별빛 축복받으며
한 풍운아 태어나니, 이름 하여 조화숙.

동족상잔 중에는 고향 북녘 아닌 남쪽을 택해
위생병 하사관으로 참전하여 포연을 뚫고
숱한 생명 구하신 참 애국자, 조 회장님.

사십 수년 전 관철동 삼영빌딩에서
직장 선배로 처음 만난 대형(大兄)은
서북(西北) 출신 기질답게 불의를 못 참으며,
또한 남달리 근검하고, 손에서 책이 떨어지지 않으며,
상대방을 감동케 하는 인간관계 등으로
언제나 후배들의 귀감이 되셨다.

대형(大兄)이 공장 창고과장 재직 시 창고에 큰불 났을 때
열흘이 넘도록 불탄 창고자리를 뒤져가며, 홀로
남은 자재 하나라도 줍던 숭고한 모습은

모네의 '이삭 줍는 여인'상으로 심어져
세월의 켜가 두껍게 쌓인 지금도
내 추억의 곳간 시렁 위에 곱게 놓여 있다.

그룹의 몇 개 회사 최고 경영자를 무사히 마치고
지금은, 청천강 헤엄치며 자랄 때 물과의 인연 살려
영식(令息)을 도와 대양을 가르는 해운업에 진출하여
거친 파도 헤쳐 가며 사세를 융흥(隆興)시켜
또 다른 애국을 하고 계시다.

오래 전 명예 안주군수로 임명되었을 때
영예와 기쁨으로 가득 찼던 회장님 얼굴.
클래식 음악 애호가로서 영혼의 아름다움을 가꾸시는
멋쟁이 로맨티스트.

직장의 의지할 데 없는 기능직 사원들을 위해
백여 쌍이 넘도록 주례를 서 주신 참다운 휴머니스트.
산수를 맞은 연세에 지금도 악수를 할라 치면
손아귀가 아플 정도로 젊음을 자랑하시는 大兄.

꿈속 그리던 통일의 그날,
고향마을 고샅길 지나 정든 집 마당에서
어머님 그림자 안고 소리 없는 통곡을 하고 나서
살수(薩水)에 배 띄워 물고기 떼들의 환영깃발 속에
격양가를 부르며 뱃놀이할 그날까지
서녘 노을 붉게 물들이며
제2의 청춘을 오래오래 누리소서!

우나즈끼 밤하늘

피천득의 오월

아름드리 스기(杉)나무들이 둘러쳐진
우나즈끼(宇奈月) 온천 야외 족욕장

낯선 여행객들과 함께
나무의자에 걸터앉아
숲 사이로 밤하늘 별 헤아리며
흐르는 온천물에 발 담구어
생활의 찌꺼기를 풀어 낸다

5월의 기운이
그 빈 공간을 채우는 소리
혈맥 타고 들려온다

고즈넉이, 온천마을
밤이 깊어간다.

잠 못 이루는 밤

5월, 어느 잠 못 드는 깊고 깊은 밤
탄천으로 나갔다

푸른 별들이 반짝이다 지쳐
흘린 눈물의 선율이
잠 못 이루는 내 영혼의 샘을 적신다
먹물이 묻어날 것만 같은 어둠 속에
하현달마저 나뭇가지에 팔베개하고 졸고 있다

밤이 숨 쉬는 소리
소곤조곤 들려온다
지천으로 핀 꽃향기의 축제가
보일 듯 말 듯 눈을 즐겁게 한다
이 모두가, 오히려 축복이다

어둠의 강을 건너 징검다리 위에 서 본다
여울물 소리, 관현악 선율이다
무릉계곡 물소리다
마음의 숲을 달래 주는

자연의 선물이다

어디선가 첫닭이 운다.

비 내리는 영동교

영동대교와 잠실대교 사이
빗속에 걸어 보는 한강 길

흐르는 듯 마는 듯한 대하(大河)
다리 몇 개 지나면 대해(大海)

고희와 산수(傘壽) 사이로
펼쳐지는 노을 길

보일 듯 말 듯 띰박길하는 세월
미수(米壽), 망백(望百) 굽이 지나면
영원의 길목

봄비에 취해
길목을 너무 멀리 잡았나….

능소화

옛적
그 고고한 황홀함에
첫 눈길, 사랑에 빠졌네

'양반꽃' 이름답게
그윽한 산사(山寺)나 유서 깊은 고택의
담장을 꽃밭 삼아 수줍게 피던 꽃

지금은 세월에 능멸되어
도로변 방음벽, 여염집 담벼락에도
지천으로 피어 있네

소화 낭자의 임 향한 애끓는 정염에
나팔 꽃잎 피멍 들어
주홍색으로 물들었나 보다

그 고운 자태에
애절한 아름다움
슬프게 서리어

더욱 고고하구나.

41. 이 아침, 축복처럼 꽃비가
42. 비 내리는 날
43. 숙제 검사
44. 탄천의 가을
45. 청담공원의 여름
46. 어느 날 아침
47. 아차산 초승달
48. 하늘이 열린 날
49. 잃어버린 시간을 찾아서
50. 한로 무렵
51. 부부 사이 변천사
52. 어느 해, 한가위 보름달
53. 산다는 것
54. 설원 위, 은하수별
55. 피정
56. 따북녀
57. 오르막 선, 내리막 선
58. 설산부
59. 정관사 'the'
60. 군자란 시집보내는 날

3부 • 이 아침, 축복처럼 꽃비가

이 아침, 축복처럼 꽃비가

벌써 오래 전 일, 계절 따라
'이 아침, 축복처럼 꽃비가'
'바다보다 푸른 초대'
'낙엽을 기다리는 오솔길에서'
'눈으로 산 참나무처럼'

아름다운 시어 표제를 붙여
일 년 동안 유력 조간신문 독자들에게
영혼의 아침 양식으로 영미시를 선사하던
고(故) 장영희 교수님

귀에 익은 영미 시인들의 농익은 자두 같은 영시들과
장 교수의 아침이슬 영롱한 해설을 접하는 순간
내 심연 깊이 잠자던 시문학의 감성이
꿈틀대기 시작했다

숫자를 차변, 대변으로 나누어 다루는 회계학은
대학에서 경영학도들이 질색하는 과목이다
그 수업의 지루함을 더는 양념으로

나의 머리를 스친 것이 장 교수의 영미시 해설이었다

로버트 브라우닝의 '봄의 노래'
하우스만의 '나무 중 제일 예쁜 나무 벚나무' 등
절기 따라 맞는 시 읊어 주고

롱펠로의 '인생찬가'
쉘리의 '사랑의 철학' 등
사랑, 희망을 품은 시들을 소개해 주었다

즐거움과 고마움을 전하는 학생들의 댓글에
가슴 먹먹했던 교수 시절
이순 나이에 청춘의 심장 박동을 들을 수 있었다

이 영미시 인연으로 장 교수와 함께한 식사자리에서
《생일》이란 본인의 영미시집에 친필 사인 후
별 모양 스티커를 연약한 손으로 직접 붙여 주던
천진스런 모습, 눈에 밟힌다

불편한 몸을 딛고 영문학계의 아이콘이 되었으나
결코 지지 않을 것 같은 암과의 몇 차례 싸움 끝에
유달리 사랑하던 5월 어느 날
이승을 떠나신 장 교수님

마지막 불태운 유작 《살아온 기적, 살아갈 기적》이
탄생되기 하루 전날, 살아갈 기적을 주지 않고
하늘나라로 부르신 그분의 뜻은 무엇일까….

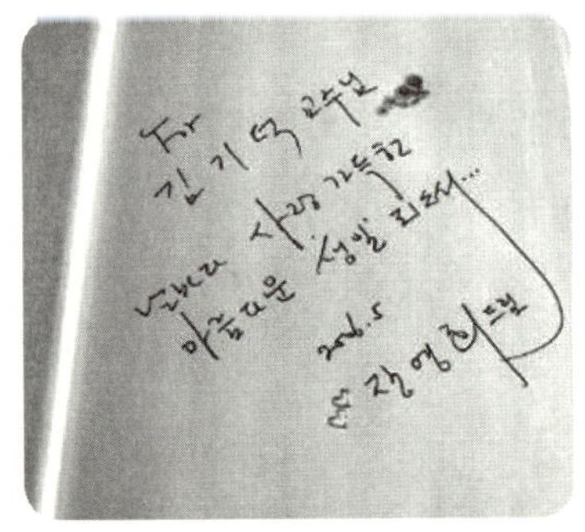

비 내리는 날

비가 내린다
이른 봄날
능수버들
나뭇가지
흔들리듯
비가 내린다.

내리는 비는
사랑의 묘약
젖은 가슴에
그리움이
오롯이
피어오른다.

숙제 검사

현충일, 뒷들의 영산(靈山) 두타산 등반길
일흔 넘어 이제야 찾아왔느냐는
고향 안산(案山)의 노여움이
1,353m 정상에서 나를 곤두메치다

콸콸 쏟아지는 머리 피, 압박붕대로 지혈하고
119 헬리콥터와 구급차를 번갈아 타고
서울 큰 병원 응급실에 실려오다

연락받고 달려온 아내의 사색 된 얼굴 보는 순간
사지의 공포가 눈물로 변하여
가슴 속을 타고 몰래 흘러내린다
흘린 피만큼 빈곳 채우자 그제서야 그친다

퇴원 후 매일 아침 일어나자마자
아내 침대 머리로 가서 실눈 뜬 채로
얼굴 피멍 자국, 찬찬히 검사받는다

한쪽 눈에 근심

다른 쪽 눈엔 사랑 그윽이 담고
숙제 검사하는 둥그런 아내 마음.

탄천의 가을

하늘이 하늘 끝으로 멀어지는
가을 한복판
어느 날 아침, 탄천 산책길

자글자글 따사로운 가을 햇살 아래
은빛 물억새꽃

활활 타오르는 가로수 화염에
붉게 물든 잉어 눈

조곤조곤 흐르는 냇물은
아름마을 아침 자장가

인영(人影) 드문 산책길
넘치는 아침 고요

사랑과 평화 가득하다

청담공원의 여름

비 내리는 여름 어느 날
청담공원 내, 하늘에 닿을 듯
울울창창한 참나무 숲 속의 시비(詩碑) 광장
벤치에 앉아 사념에 젖어 본다

가슴에 떨어지는 빗방울에
만 가닥 삶의 파문이 일렁인다

비 맞은 참나무 숲은 몸속 깊이
청량한 선물 한 아름 안긴다

윤동주 '서시' 첫 구절
'죽는 날까지 하늘을 우러러
한 점 부끄럼 없기를'을
시비에서 끄집어 내어 몇 번이고 새김질해 본다

도시가 살아 숨쉬는 소리
아스라이 들리는 청담 공원이 있어
인생의 유현(幽玄)한 멋을 한껏 누려 본다.

어느 날 아침

텅 빈 집 안에, 텅 빈 대화 한 토막

유난히 잦은 8월 장맛비 끝 무렵
처서(處暑) 가까운 구름 걷힌 어느 날 아침
아내가 베란다 커튼 올리면서 하는 말
"여보, 하늘 빛깔이 좀 달라졌네요."

먼발치에 서 있던 나는 심드렁하게
"나는 잘 모르겠는데" 툭 던지자
"저리고도 어떻게 시를 쓰나?" 톡 쏜다

뜸을 좀 들인 후 비위 맞추려 내가
"시인 마누라 눈이 다르네." 하자
"나는 시인 마누라 안 할래요." 되받는다

내가 진짜 시인이 맞기는 맞나….

아차산 초승달

긴 수술 끝
이승과 저승을 넘나들며
영겁 속에 들려오는 기계음 소리

창조주의 섭리와
히포크라테스 후예들의
사랑의 손길에 이 몸 맡길 뿐

풍납토성 품안은 133병동 10호실
찔레꽃순 제 몸 휘감듯, 온몸 칭칭 감은
고무줄에 포박당한 내 이 몰골

막바지 가마솥더위에
몸속 고통이 끓어올라
밤새도록 신음하며
뜬눈으로 지새우는 말복날 밤

아차산 위 초승달
한강 따라 흘러내려

병실 창문 열고 들어와
백의의 천사로 변신하여
이마에 손 짚고, 아픔을 달래 준다.

＊2013, 8. 12 말복날 밤, 서울아산병원 심장병동에서.

하늘이 열린 날

하늘이 열린 날, 율동공원 옆
석양의 대도사(大道寺) 드라이브 길

인적 없는 작은 절 뜨락의
쪽두리꽃, 천사의 나팔꽃 등 가을꽃들
지척 절간이 심산 산사(山寺)인 듯

댓돌에 앉아 밤나무 숲 사이로 보이는
쪽빛 하늘, 코발트색에 물드는 내 눈동자

열린 하늘로부터 왕검 할아버지가
대지에 흩뿌리는 사랑의 햇살

그 햇살 받아 한 자 넘게 열렸던
내 가슴 상처 아무는 소리, 귓전에 들린다.

잃어버린 시간을 찾아서

70년대 중반, 페르시아 만을 품에 안은 사우디아라비아 왕국의 작은 도시 주베일의 밤하늘에는 별들이 쉼 없이 푸른 물을 쏟아내면서 허연 은하수로 번지고 있었다.
아라비아 야화에 나올 법한 어촌의 해군기지 건설 현장으로 첫 부임하여 사구(沙丘)의 칼날 같은 능선의 아름다움에 젖어갈 무렵, 현지 통역 무스타파의 모교인 주베일고등학교와 우리 현장 사람들과 있었던 친선 축구 시합 정경은 가끔 추억의 창고문을 열고 아스름히 얼굴을 내밀곤 한다. 천여 명 기능공 중에서 자칭 사단 선수, 연대선수들을 선발하여 내가 감독을 한 시합에서 나이 어린 학생들한테 10 대 빵으로 보기 좋게 나가떨어졌다.
내 스포츠 인생(?)을 먹칠하는 날이었다.
이미 그때부터 우리나라 축구는 중동의 높은 벽에 고전하고 있다.
허우대 멀쩡한 무스타파는 신부 값 치를 돈이 없어 노총각으로 지내더니 지금쯤은….

한로 무렵

한로(寒露) 무렵
강변 걷기에 나선다
언제나처럼

어느 결
은빛 억새꽃
주억 주억
저녁 인사를 한다

명징한 가을 하늘
청량한 밤공기
무념으로 걷는다

빈 가슴에 별빛이 안긴다
실핏줄 타고
사랑이 피어오른다.

부부 사이 변천사

연신내 단칸방 신접살림
뜨거운 정염으로 설한 북풍 녹이던 시절

아라비아 사막 위 조립식 주택에서
늑대 울음소리에 놀란 어린 남매
새끼 사랑으로 달래던 홍해 바닷가의 별나라 시절

아이들 커가며 몇 차례 보금자리 옮기고
가정과 직장 사이, 옹이진 삶의 마디마다
부부애 숙성하던 중, 장년 시절

장성한 자식들 제 둥지 찾아 떠난 텅 빈 집
남은 우리 둘, 온종일 말 몇 마디 없어도
이심전심으로 사는 이 지음, 부부학교 졸업하고
이 세상에서 가장 가까운 이성 친구 사이
서로에게 공기 같은 존재

가슴 속에 세월의 재가 싸일수록, 때로 지아비는
텔레비전 '장수무대' 프로에서 사자성어 맞추기처럼

천생연분에서 □□□□* 로 전락하는 삼식(三食)이 신세.

* 평생웬수.

어느 해, 한가위 보름달

외손들은 중동 모래사막
친손들은 신대륙으로 뿔뿔이 떠나
두 늙은이만 시린 가슴으로
맞이하는 올해 추석

한가위 달 쳐다보며
손주들 안녕 빌러 나선
아파트 정원 소나무 숲

우리 둘의 소망이 깊어지지
솔가지 벌어지며 보름달이
그 사이를 헤집고 들어와
빈 가슴 어루만져 준다.

산다는 것

산다는 것은
자궁 속에 진주 한 알 키우는 일
달빛 받아 숙성되어
영롱히 빛날 무렵

산다는 것은
가없는 바다의 파도 타는 일
폭풍우 지나 거친 바다
잠잠해 질 무렵

산다는 것은
하늘 밭의 구름 잡는 일
서녘 노을 향해 손 뻗쳐
닿으려는 순간

산다는 것은
땅따먹기 놀음
한 생애 몸부림쳐
세 평 남짓 땅덩이 얻는 순간

모천(母川)으로 회유하는

가시고기.

설원 위, 은하수별

알펜시아 먼발치
풍력 풍차들을 머리에 인 선자령* 능선은
누에가 기어가는 형상이다
태고의 설원 위로 밤하늘의
은하수별들이 박혀 있다
별세계이다

온난화의 역습으로 이곳 빙하기 혹한은
사람들의 말을 공기 중에 얼어붙게 한다
남 미워하는 마음마저 얼어버려
그들 눈에 비칠까 두렵다
사랑의 말들이 허공에 붕붕 떠다니며
인생살이 보송보송 보듬어 주면 좋겠다

콘도 방안, 손주들의 웃음소리가
창밖의 달빛 받아
얼어붙은 말들을 녹인다.

* 선자령 : 강원도 평창군 대관령면과 강릉시 성산면의 경계선상. 백두대간의 주능선(해발 1,157m).

피정

손주들
대양 건너 훌쩍 떠나고
아내마저 비운 主日

홀로
영혼의 비밀정원에서
피정(避靜)을 한다

어느새
고요한
평화의 강물이 흐른다.

따북녀*

흘러간 시간의 조각들을 맞추어 보니
양철지붕 생가 뒤편, 전천 제방에는
유년 시절 추억들이
항아리마다 채곡 쌓여 묻혀 있네

제방의 따북풀 베어 모기향 피워 놓고
밤하늘 은하수 별 멍석 위로 불러 내려
함께 듣던 할머니의 '따북녀' 노랫가락 소리
어느 결에 다시 들을 수 있으리

따북 따북 따북녀야
네 어디로 울고 가니
우리 엄마 젖줄 바라
청포장수 따라간다

명절날, 아이들 손잡고 고향 찾으면
발걸음은 저절로 제방으로 옮겨지고
석양에 물든 채운(彩雲) 바라보며
무념으로 거니노라면 전천의 은어들은

펄떡 뛰며 반가워하네.

* 따북녀 : 영동지방에서 구전되어오는 민속 노랫가락 속의 가련한 여아.

오르막선, 내리막선

해마다, 봄볕에 신록 짙어지듯
중학생 손주 일상(日常)은
어른 되어 가는 오르막선

해마다, 가을에 낙엽 지듯
할애비 하루하루는 거꾸로 나이 먹어
점점 어린아이 되어 가는 내리막선

이 두 선의 교차점은 언제쯤 될까?

내 생전
바로 나이 먹어, 교차점에서
서로 만나는 일 없어야 할 터인데…

설산부(雪山賦)

매부가 보내 준 풍란 설산(雪山)
책상 위에 올려놓고
보고 또 본다

남녘 어느 바닷가
벼랑의 보금자리 터에서
파도 소리 들으며 만삭되고
물안개 먹고 자라면서
달빛 받아 새겨진
노란 무늬는
옛 선비의 지조이련가

밤하늘 지붕 삼아
별들과 벗하며
풍류를 즐긴 죄로
책상 위로 유배된 기구한 팔자
그 귀품이 안쓰럽기도 해라.

정관사 'the'

중학 시절 배운 정관사 'the'
'더' 발음을 금과옥조처럼
육십여 년 변함없이 애용했다

여덟 살 손주 정헌이
여름 방학 귀국하여 함께 지내면서
할애비 영어잡지 읽는 소리
귓전으로 듣다가 다가와서, '더' 발음이
틀렸다며 본토발음 'ðə' 라고 고쳐 준다

영어 선생님처럼 반복적으로 복습시키더니
마지막으로 오른쪽 손가락 쫙 펴면서
'ðə 다섯 번'하고 수업을 마친다
명 강의이다

장한 우리 손주
60년 묵은 할애비 불치병 낫게 해 준다.

군자란 시집보내는 날

구산동에 소꿉집 장만 기념으로
입양한 군자란 화분 세 개

보금자리 옮길 때마다 함께 하며
40년간 한 가족이 된 세 자매

용케도 입춘 날짜 미리 알고
주홍빛 꽃망울 아프게 열어
봄소식 알려 주던 너희들의 은혜로움

아파트 베란다에서 물 양식 주려
혼자서도 번쩍 들어 옮기던 너희들 양부모

주름살 깊어지며 우리 두 늙은이
함민복 시의 부부 밥상 들듯, 앞뒤에서
발맞추며 조심스레 옮기기 수 년

허리 삭아 꼬부러지자 그나마 할 수 없어
화원댁 늙은 신랑 찾아 시집보내는 날

하늘도 시린 우리 가슴 알고
눈물비 흩뿌린다.

4부 • 고요한 귀향

불타는 수례의 산

'수례의 산'* 치맛자락에 감싸인
명문 〈레인보우 골프장〉 동 코스

에메랄드빛 가을하늘 노을 진 해거름
떡갈나무, 신갈나무, 굴참나무, 갈참나무,
졸참나무, 상수리나무 등 참나무 일족들
나목 되기 전 마지막 단말마로 붉은 피 토해 낸다
온 산이 선혈로 낭자하다
산기슭 호수도 붉게 물든다

실개천은 바위를 굴러내려 흰 포말 일으키며
붉게 타는 대지를 적셔 준다
대자연의 환상곡이 울려 퍼진다

참나무 가족의 붉은색 향연에
내 가슴도 타오른다
허기진 마음이 부풀어 오른다

낙엽 위 떨어진 잘 여문 도토리들

가을 햇살 받아, 반지르르
사랑이 영근다.

* 수레의 산 : 충청북도 음성군 생극면 소재.

두타산 큰 바위 얼굴

–동천(東天) 회장님 미수연(米壽宴)에 부쳐

고향의 영산, 두타산 정령들의 축복 속에
88년 전 오늘 한 귀인(貴人) 태어나시니
그 이름, 홍종대(洪鍾大)!

기름지고 드넓은 북평들 남녘 가장자리
야트막한 솔밭에 둘러싸인 소담한 단실마을에서
약관 나이 되도록 일제의 혹독한 핍박 속에
동시대 모두처럼 어렵게 지내셨던 젊은 시절.

일찍이 향토기업 취업전선에 뛰어드신 후
타고난 부지런함과 불굴의 노력으로
새로이 생성된 그룹의 최고경영자까지 오르신 회장님.

회장님 일화는 몇 소쿠리로도 다 주워 담을 수 없는 중에서도
은행 교환 막느라 지점장 집으로 새벽같이 출근하시던 일,
매년 그룹 행사에서 단골인 만세삼창 부를 때마다
강당의 천장이 무너질 듯 선창하시던 우렁찬 모습 등은
그룹 역사에 아련하고도 아름다운 전설로 남아 있다.

유수한 여러 경영대학원에서 주경야독으로 배움의 갈증을 푸시고,
미수 연세에도 매일같이 조찬회에 나가시어, 지식과 예지를 갈고 닦는
마르지 않는 학구열은 언제나 우리 후배들을 무색케 하고 있다.

딸 아들 농사도 대풍 이루시고, 딸들 줄기에서는 초우량 사위들
수확도 잘하시어, 온 집안이 가화만사성 웃음소리 가득하니
그 삶의 터전은 주변 뭇 사람들에게 선망의 성채로 빛나고 있다.

아흔을 앞둔 연세에도 전문 경영인답게 철판가공업을 손수
운영하시면서, 중소기업 경영의 전범을 보여 주고 계시는 회장님.
뒤늦게 하느님의 섭리로 주님 품에 안기시어
맑은 영혼을 더욱 마알갛게 닦고 계시는 회장님.

언제나 겸손의 잎으로 푸르시고,
언제나 사랑의 꽃으로 화사하시며,
언제나 애향의 아름다움으로 빛나시는 회장님은
동쪽 하늘(東天)에 온유의 별빛 은은하게 비추시는
고향의 큰 어른으로 떠오르셨고,
흐르는 세월의 강물 속에, 어느덧 둥그런 마음 서로 닮은

동해인(東海人)에게는 나다니엘 호손의 '큰 바위 얼굴'에 나오는 두타산의 어니스트로 우뚝 서시었다.

그룹 출신 모임 〈삼동회〉, 뒷들 모임 〈두타회〉에서 모시고 있는 우리 후배들은, 홍종대! 그 이름만으로도 가슴이 따뜻해진다. 함께함으로써 삶의 향기가 스며든다.

부디, 하늘에 계신 높은 분의 은혜 속에
소중한 가정의 평화를 누리시며, 영원한 현역으로 남으셔서
백수연 큰잔치 풍악소리 울릴 때까지
만수무강 하옵소서! 동천 홍종대 회장님!

솔미산 솔바람

어린 시절, 내 나무지게 작대기 자국이
알록알록 박혀 있는 구릉골 아버님 묘소
산나물 캐려 함께 다녔던
초록산록의 어머님 묘택

올 추석에도 가위 대신 낫 들고
나무하던 솜씨 뽐내며
정수리부터 머리를 깎아 드린다
시원해 하실 두 분 모습에
낫 놀림이 바빠진다

이십여 년 터울로 두 분 가실 때의
그 큰 슬픔도 달빛에 바래어
하얀 그림자로 남는다

가슴에 마른 풀만 자란나
산소 풀 내리며 작은 가위 들고
가슴 속 마른 풀도 베어 낸다

솔미산 솔바람이
단발한 두 분의 영혼을 달래 준다.

40년 만의 재회

는개 내리는 한식날
영원에 갇힌 구릉골 아버님 묘택
파묘제(破墓祭) 지내고 나서
40년 만에 잔디 지붕 열자
누런 이빨 드러내고 하시는
아버지 첫 마디
"잘 지냈니?"

"아버지 죄송했습니다.
너무 오랜 세월 혼자 남겨 두었습니다.
이제 어머님 곁으로 모시겠습니다."

형해(形骸)를 곱게 빻아
혼령과 함께 옥돌함에 정성껏 봉함하여
쇄운리 양지바른 어머님 방 옆
사랑채로 고이 모셔드렸다

산(山)일 마치고 내려오는 등 뒤로
신방 차린 두 분 재회의 속삭임

안개비 타고 귓전을 간질인다

산벚꽃 핀 초록산록 숲에서는
소쩍새 소쩍소쩍.

그 시절

새싹 트는 생명의 소리들
앙상블을 이루는 어느 봄날
동네 산 등산길

어디선가 들려오는
까악~깍
까마귀 소리

소란스런 동경 한복판
고즈넉한 궁성 하늘 위로
무리지어 울부짖는
까악~깍
까마귀 소리

일본 출장 잦던 아득한
그 시절, 그 소리.

풀섶의 오케스트라

아무리 등 떠밀어도 꿈적 않던 무더위도
처서 소리에 놀라 슬그머니 꼬리를 낮춘다

이슥한 저녁, 강변으로 산책을 나선다
강물 위로 달빛이 부서지며 흘러내린다

천변 따라 펼쳐진 풀섶에는
찌르륵 찌르륵, 찌르르르
온갖 풀벌레들의 합주곡이 울려 퍼진다
세절 난나 환호작약한다

예전엔, 은쟁반 위로 유리구슬 굴러가는
귀뚜라미 소리만 귀에 들어왔으나
이제는 세월 따라 비워진 마음속으로
미물들의 사랑의 속삭임마저 밀려온다

계절이 간이역을 지나간다.

화장지의 일생

화장실 휴지를 갈아 끼운다
쌀독에 쌀 가득 채우듯
마음 밭이 잠시 풍요롭다

한 열흘 지나면
화장지가 반쪽이 난다
이제부터는 하루가 다르게
가속으로 야위어 간다

내 삶은 이 화장지의 남은 두께
어디쯤에 걸쳐 있을까
화장실에 갈 때마다 가늠해 본다

얼마 지나지 않아 화장지는
둥근 배창자 드러내고 생을 마감하리

인생도 닮았다
그렇지만, 인간은 부활로써 영생하듯
화장지는 피조물인 인간이

새것으로 갈아 끼워 줌으로써 부활한다

창조주는 신묘하다.

모래톱

광교산, 청계산을 모산(母山)으로 한 탄천이
어소(魚巢) 블록으로 배를 감싼 한강과
합수(合水)하는 수양버들 모서리에
용케도 태어난 백여 평 남짓 흰 모래톱의
저 눈부신 반짝임

불현듯, 유년 시절
고향 전천의 미루나무 그림자 진 가장자리
모래톱 웅덩이에 갇힌 송사리 떼
소금쟁이 그림자에 놀라
허둥대던 모습이 스쳐간다

그 시절이 눈에 밟힌다.

모란시장 풍경

봄날, 오일장인 모란시장 구경 길
좁은 공터는 뒤죽박죽으로 얽힌 난장판
어릴 적, 측간에 들끓던 구더기 같은 인간군상들

얼핏, 오일장 1. 2위를 다투는 고향 북평장이 떠오른다
시내 전체가 싸전. 포목전. 어물전. 쇠전* 등으로
잘 짜여진 북평장은 물산이 풍부하고 인심 또한 후하다

이 좁은 모란장이 우리나라 제일 큰 오일장으로 소문난 것은
대도시를 끼고 있어 발 디딜 틈 없는 인해전술 때문이려니…

아내가 만 원 주고 철 이른 두릅 한 됫박 사며
손가락만 한 두릅 한 개 덤으로 집어 들자
늙수그레한 장사꾼이 잽싸게 낚아챈다
인심 한번 고약타

난장에 앉아 점심으로 때운 팥죽 맛은 고향 맛이다
우리 두 늙은이 쌀엿 한 봉지 사서 돌아오는
전철 노약석에 앉아 오물오물한다

이렇듯 오늘도 영원 속의 하루가 오물오물 저문다.

* 쇠전 : 우시장.

모란의 눈물

꽃 중의 꽃답게
화단이 폭발하듯 만개한 모란

벌 나비 유혹 못해 시인들한테 외면 받고
늠름한 자태로 묵객들한테는 사랑받는 꽃

오월이 들어서자 피어난 그 요염한 자색(紫色)이
올해는 내 가슴에 피멍울로 물든다

중비산 자락, 상그릴라 마을 '거북바위' 계곡 옆에
열 평 남짓 목조 조립식 집 전원에 묻혀
음풍농월(吟風弄月) 즐기려던 이슬방울만 한 내 꿈이
아내의 간곡한 만류로 산산조각 부서졌기 때문

요즘, 내 심사가 '모란이 피기까지는' 시에
나오는 시구 같다

'모란이 지고 말면 그뿐
내 한 해는 다 가고 말아

삼백예순 날 하냥 섭섭해 우옵네다'

그러나, 다음 해, 또 다음 해
모란이 피기까지는
나는 아직 기다리고 있을 테요
찬란한 내 꿈의 봄을!

천사의 지휘봉

보좌신부 첫미사 집전 날
아래층은 만석 되어
위층 성가대 옆자리 앉다

옥양목 흰 살결의 지휘 천사가
웃음꽃 가득히, 영혼의 노래 이끌어 내는
손가락 지휘봉이 날렵하다

천의무봉(天衣無縫) 손놀림에 넋이 나가
성가책 너머로 천사의 지휘봉 곁눈질 한다

열 손가락 활짝 편 부드러운 몸놀림은
'생상'의 음악에서 백조가 호수 위로 유희하는 듯

두 주먹 쥐고 아래위 흔들 때는
하늘의 아기 천사들 노랫소리가 들려오는 듯

천상의 화음에, 어느덧
파견 성가 울린다.

한 점

추일 창천(秋日蒼天), 석양 산책길
흰 꼬리 달고 붉은 채운(彩雲) 속으로
사라져 가는 한 점

마음의 강물에 띄워 보는 배 한 척.

노란 눈(雪)

인디언 월력으로
'모든 것이 사라진 것은 아닌 달'인 11월
입동 날, 방과 후 경기고 교정

아름드리 은행나무 줄지어 선 사이사이
늘 푸른 향나무 가지 위로
소복이 쌓인 노란 눈,
포도(鋪道)에 켜켜이 깔린 조락(凋落)의 추억들,
반 고호의 노란색 별천지이다

가슴이 단풍 빛깔로 젖어온다
대가람 품은 그윽한 교정에
은은히 사랑의 종소리 들려온다.

선자령 얼음새꽃

지난해, 콘도에서 바라본 선자령(仙子嶺) 설원
눈에 어려 올 입춘 날, 등봉의 만용을 부려 본다

난생처음 아이젠, 스패츠 차고
양손엔 스틱 짚고 일행 뒤꽁무니 따라
나목 사이로 설원을 누빈다
만용의 희열이 언 몸을 달군다

일흔 넘어 장설 덮인 겨울 산행을
한사코 말리는 아내와, 새로운
도전을 고집하는 약골인 나와의 실랑이

경포호수와 동해바다를 발 아래 품은
산상 라면 파티의 맛과 멋이
내편 손을 들어준다

저만치 바위 밑 양지바른 곳엔
복수초로 더 알려진 얼음새꽃
가녀린 노오란 꽃망울이 눈 옷섶을 헤집고

생명의 경이를 밀어 올린다

입춘은 봄을 잉태한 신부가
만삭 되는 날이다.

새벽줍기

신새벽마다
조간신문 줍는 순간
지혈(地血)과 밤하늘의 별이
밤새워 교합(交合)한 훈향은
절기 따라 다르게
영혼에 저민다

지면이 손끝에 닿자
가슴엔 전율이 일고
갈피에 밴 잉크 냄새로
머리는 금세 쇄락(灑落)해진다

주먹만 한 활자는 난세를 알리고
면마다 세상사로 터질 것만 같다
어서 들어가
새벽을 주워 담아야겠다.

살아 있는 정물

탄천 산책길
노을 물든 냇가 돌무더기 위

외다리로 고갤 달아매고 서 있는
왜가리 한 마리

갈 때 자세 그대로
돌아올 때도
한 치 흐트러짐이 없구나

무슨 상념이 저리 깊을까
삶을 달관했는지
세월을 체념했는지
처연한 저 모습.

구원(久遠)의 여인

오래 전, 아내와 단둘이 나선 남도 기행
담양의 소박한 원림(園林), 소쇄원에는
향사(鄕士)의 음풍농월 글 읽는 소리 들린다
옛 선비의 지조가 대롱물 따라 흘러내린다

대나무 숲 정원 떠나 들른 곳은
지척의 '명가은(茗可隱)' 전통찻집이다

늦여름 과객의 가슴 적시는 빗물 속에 잠든
찻집에 손님은 우리 내외뿐
적막의 고요가 그윽한 한옥 마당에는
수국과 수련이 수줍게 길손 맞는다

단아한 한복 차림의 쪽진 머리 젊은 다인(茶人)
다도 예법 따라 공손히 우릴 응대한다
이소시대 반가(班家)의 귀인이 환생한 듯
그 미모에서 풍기는 아름다움과 은은한 차 맛에
혼절하여, 우리 둘은 일어설 줄 모른다

아쉬움 가득 안고 이끼 묻은 대문을 나오면서
우리는 생전에 꼭 다시 들르자고 다짐한다

주룩주룩 비는 계속 내린다.

* 담양 소쇄원 : 중종 때 양산보가 조성한 우리나라 대표적인 원림. 경내에는 손바닥만 한 광풍각과 제월당이 있음.

세월의 주름살

우리 5남매 맏이 큰 형님
초록산록 '영혼의 정원'에 모신 날

여러 해 동안 뵙지 못했던
문상 온 큰댁 구순 형수님께 인사 올리자
"뉘시오?" 한다
"아무개 입니다"라는 내 화답에
"아이구, 주름살이 많아 몰라보겠네." 하신다

슬픈 날, 모두 파안대소했다

내 주름살투성이의 세는 나이와
마음속 나이, 지척이 천리인 걸
형님께서 떠나시면서
새삼 일깨워 주신다.

비움의 미학

산책길
한 젊은이 가슴에
새겨진 영문 문구

'Less is Better'

젊은이 아닌
우리 세대가 삼아야 할
비움의 좌표.

고요한 귀향

긴 여로 끝에
영원으로 가는 길목

어머니 품으로 돌아와
초록산 하이얀 달그림자
홑이불 삼아
깊고 고요한
푸른 잠을 자렵니다

앞섶에는 전천
먼발치에 두타산.

♣ 시 평론

동심으로 회귀하는 그리움의 경전

– 김기덕의 시 세계

이 인 평(시인, 공간시낭독회 회장)

일찍이 예수님께서는 제자들에게 "사실 하느님의 나라는 이 어린이들과 같은 사람들의 것이다."(마르코 10,14) 라고 말씀하셨다. 이 말씀에서 우리는 하느님께서 얼마나 순수한 분이신가 하는 것을 알게 된다. 어린이의 심성, 곧 동심이 하느님 나라에 들어갈 수 있는 비결이라니! 예수님께서는 장차 우리가 가게 될 하느님의 나라가 바로 그런 곳이고, 하느님의 본성이 그러하기에 어린이 같은 사람이 되어야 한다는 것을 제자들에게 미리 알려 주신 것이다.

이러한 예수님의 말씀은 누구에게나 공감된 바가 클 것이다. 인간의 생애를 통틀어서 가장 순수하고 아름다웠던 시절은 바로 동심을 지닌 어린 시절이기 때문이다. 우리는 동심으로부터 멀어지면 멀어질수록 그만큼 순수성과 아름다움에 대한 감각이 둔화되어 자신도 모르게 지난 시절에 대한 추억들을 더욱 그리워하게 된다. 이쯤 되면 인생 전반에 걸쳐 우리가 정작 추구하고 있는 것이야말로 이미 지난 시절에 경험했던 순수한 동심의 아름다움이라는 것을 깨닫지 않을 수 없게 되는데, 이는 예수님의 말씀에 비추어 볼 때, 하느님의 나라가 바로 우리의 동심원(童心園)에서 실현되어 가는 신비로운 과정이 아닐 수 없다는 생각을 갖게 한다.

김기덕님의 시는 본성의 동심이 추구하는 서정적 정감을 귀한 보물처럼 간직하고 있는 정신의 깊이를 지니고 있다. 이는 언어 이전의 내면에서 순수하게 간직하고 있는 향수와 그리움을 기반하고 있다. 따라서 자신만의 여정 속에서 동심의 귀한 추억들을 하나하나 꺼내 볼 때마다 지나온 인생 여정이 기쁨으로 변화되는 신비를 보여주게 된다. 이처럼 인생의 다사다난한 세파 속에서도 아름답고 소중한 그리움들을 놓치지 않으려는 열정 속에서 동심의 추억이 살아 나오고 있는 것이다.

전선의 총성이 멎은 해
초등학교 6학년 시절
포연을 뚫고 어김없이 찾아온 가을 어느 날

향토 기업 북삼화학이 주최한 '반공' 주제의
읍내 초등학교 대항 웅변 대회에 모교 대표로 나가
우승한 상품은 쌀 한 가마니였다

보리개떡과 운크라 원조물자 밀가루 수제비로
끼니를 때우던 그 시절
쌀 한 가마니 효도의 무게는
저울추로 달 수조차 없었다

유년 시절 기특했던 추억의 샘은

긴긴 세월 지나도 마르지 않아, 지금도
아름다웠던 가난과 겹치어
아련한 그리움의 파문으로 밀려온다.

―「쌀 한 가마니 효도」 전문

이 시에는 아무나 경험할 수 없는 독특한 추억이 담겨 있다. 일제 강점기를 거쳐 6 · 25 전쟁이 가져온 전후 비극적인 시대상을 배경으로 극심했던 가난 속에서 화자가 겪었던 감동적인 기록이 전개되어 있다. 우리는 이 시를 통해 전쟁의 아픔과 다시는 그러한 고통을 겪지 않기 위해서 반공 이념을 고취시켜야만 했던 역사적인 아픔을 함께 느끼게 된다. 이러한 상황 속에서 드러난, '저울추로 달 수조차 없'는 6학년 어린이의 기쁨은 어디에서 온 것일까? '반공'을 주제로 한 웅변 대회에서 1등을 차지한 기쁨도 기쁨이거니와 이보다 더 큰 기쁨은 바로 부상으로 받은 쌀 한 가마니를 어머니께 드렸을 때의 뿌듯한 효심이다. 지금 초등학교 6학년 어린이의 동심에는 '보리개떡과 운크라 원조물자 밀가루 수제비로/ 끼니를 때우던 그 시절', 극심한 가난 속에서 부상으로 받은 쌀 한 가마니를 중심으로, 역사의 아픔과 가난으로 고통 받고 있는 어머니와 초등학교 대표로 나가 당당하게 1등을 차지한 기쁨의 추억이 극적으로 드러나 있다.

이 얼마나 아리면서도 아름다운 경험인가! 어린이에게서 희망을 느낀다는 말이 있다. 이 일로 인해 어린 아들이 타 온 쌀 한 가마니를 받은 어머니를 생각하지 않을 수 없다. 이러한 아들을 보고 희망을 느끼지 않을 어머니가 어디 있겠는가. '쌀 한 가마니의 효도'가 '긴긴 세월에도 마르지 않'는 '기특했던 추억의 샘'이 되고 있는 것은 바로 어머니와 아들에게 있어 장차 끊임없이 '그리움의 파문으로 밀려'오는 '아름다웠던 가난'의 풍경을 간직하게 하는데, 이것은 절망이 아니라 희망이 끊임없이 솟는 동심의 추억으로 자리 잡고 있다. 시는 달리 감동의 기록이다. 우리는 이 시의 전체상에서 김기덕님의 타고난 순수한 동심을 감지하게 되는데 이는 그가 노경에 이르러서도, "눈에 넣어도 아프지 않을/ 귀엽고 소중한 우리 집 강아지들/ 이름 불러 외손주 주호와 준호/ 그리고 손녀 손자인 서영이와 정헌이/ 이 모두는 언제나 나의 희망이며/ 내 기쁨의 전 재산"(「우리 집 강아지들」 1연)이라고 쓰고 있듯이 변함없는 희망과 기쁨 가득한 동심을 지니고 있음을 알게 한다.

묵호 출신 단짝 벗의 살찐 오징어와
우리 집 마당가의 잘 익은 찰감을
물물교환 하던 중학 시절
풋풋한 5월 닮은 그 시절 잔영들이
반백 년 영원의 벽을 뚫고
찬연한 그리움으로 떠오른다.

–「교실 풍경」 4연

계절 따라 검고 푸른 교복을 번갈아 입고
왁자지껄 길이 좁을세라 오르내리던

세종로보다 넓은 교정 언덕길,
동기생 최 군이 토해 내던 쩌렁쩌렁한 사자후에
그 높은 지붕이 날아가 버릴 듯하던
세종문화회관보다 더 큰 강당,
방과 후 만발한 벚꽃의 하얀 향기에 취해
자이언트 응원가를 목청 높이 부르며
젊음을 불태우던 추억의 강물
이 모두, 고희가 되도록 차마 잊으랴

– 「50년 만의 귀향」 2연

김기덕님의 시는 수십 년 세월을 거리낌 없이 넘나든다. 마음 안에 자리 잡은 심상이 그 어떤 경계를 갖지 않기 때문이다. 위에 인용한 두 개의 시는 그야말로 수십 년의 간격을 가지고 있지만 심상을 그려 내는 흐름에는 세월의 거리가 없다. 중학교 시절을 쓴 시하고 50년 만에 모교인 고등학교를 찾았을 때이 회상이 쌍벽을 이루듯 그려져 있다. '오징어'와 '찰감'을 물물교환 하는 두 중학생 소년의 소박한 정감이 수채화처럼 가슴 깊이 스며드는가 하면, 동심에서 볼 때 서울의 세종로나 세종문화회관보다 더 크게 확대된 교정 곳곳에서 장성한 고등학생들의 호연지기가 넘치는 풍경은 웅장하기까지 하다. 한결같이 진한 추억이 그리움에 닿아 있다. 추억 속의 그리움이야말로 늘 새로운 것 아닌가. 어디에서도 잊어질 수 없는 기억의 아름다움, 눈앞에 보이는 사물보다도 더 환히 보이고, 그 어떤 사실보다도 오래오래 기억되지 않은가. 우리가 말하고 싶은 것들 중에서 추억만큼 진진한 것도 없을 것이다.

인간은 지나간 것을 잊어버리기보다는 오히려 아름답게 간직하려는 본능을 가지고 있기 때문에 현실적인 삶의 가치에도 추억으로 남을 만한 정성을 기울이게 된다. 인생에서 그리워할 추억이 없다면 얼마나 삭막하겠는가? 그러나 살아온 여정을 하나하나 그리움으로 승화시킬 수 있다면 그보다 더 풍요로운 자산도 없을 것이다. 우리는 김기덕님의 시에서 애정 깊은 추억의 그리움을 공감하게 될 뿐만 아니라 각자 자신이 걸어온 삶에서 아름다운 추억의 그리움을 연상하게 된다. 화자와 독자간에 공통분모가 형성되기 때문이다. 추억을 쓴다는 것은 곧 감동을 쓰는 것이다. 이는 기쁨이 기쁨을 불러 내고 희망이 희망을 불러 내는 것과 같은 것이다. 그러므로 한 시인이 그려 낸 아름다운 추억은 독자에게도 아름다운 추억을 불러 오게 하는 주술적인 효능을 지닌다. 김기덕님의 시에는 이러한 추억의 심상들이 어느새 교감의 선율로 파고드는 언술을 지니고 있다.

오십 겹 세월의 나이테를 도려 내어
학창 시절 여름 방학 때
태고의 정밀(靜謐)에 쌓인 전천 제방 둑에서
펼쳐졌던 한 조각 낭만의 파라독스가
새롭게 아련하다

평양에서 피난 나온 여고 3학년
이름같이 청초한 선(仙)이랑
시골뜨기 대학생의 못다 핀 연정이

세월의 무게만큼 깊은 심연(深淵)에서
애잔한 그리움으로 묻어난다

나른한 여름 권태를 즐기며 방학 동안
서녘 노을 핏빛으로 물든 강둑에 앉아
우주를 품에 안은 듯
함께 부르던 사랑의 연가
떠나버린 페르킨트 기다리는
솔베이지의 노랫소리가
지금도 아슴아슴 가슴을 적신다

고향 바다 할미바위에 걸터앉아
오징어잡이 간드레 불빛이
그믐밤 별빛 같은 동해바다와
갯목의 야경을 반주 삼고
교교한 7월 보름달빛에 취해
슈베르트의 세레나데 듀엣으로 부르다
방학과 함께 끝나버린
첫사랑의 꿈은
한여름 밤의 남가일몽(南柯一夢)이런가.

—「한여름 밤의 꿈」 전문

이 시는 감흥의 공감대를 최대한 확장해 주는 첫사랑의 호기심이 깔려 있는 작품이다. 외래어가 등장하기는 하지만 주제와 내용이 온전히 개화기의 전통적인 서정을 수용하고 있는 데다 '선(仙)'이라는 이름을 가진 주인공이 겪은 피난의 아픔과 외로움이 순수한 로맨스로 승화된 신선한 작품이다. 화자는 선과 함께 고향 바닷가 할미바위에 걸터앉아 멀리 그믐밤 별빛 같은 오징어 잡이 배에 켜진 간드레 불빛을 바라보면서 슈베르트의 세레나데를 함께 부르고 있다. 이때 갯목의 야경과 함께 7월의 보름달빛이 이들을 비추어 주고 있다. 달빛 아래 잔잔한 바다빛 코발트 블루의 정감이 저절로 밀려든다. 이에 앞서 때론 저녁노을이 붉게 물든 강둑에 앉아 사랑의 연가인 솔베이지의 노래를 부르기도 했다. 그리고는 방학이 끝남과 동시에 이들의 만남도 운명적으로 막을 내린다. 그야말로 제목처럼 '한여름 밤의 꿈'이 오롯이 다가오는 작품이면서 순수를 끝끝내 잃지 않는 연가의 선율을 들려 주고 있다. 세상만사가 마음대로 이루어질 수 없다는 생각을 할 때, 한 생애의 희로애락 속에서 이처럼 아름답고 낭만적인 로맨스의 추억을 갖기도 쉬운 일은 아니다. 시는 짧지만 책 한 권의 러브스토리를 읽고 난 기분이다. 생각할수록 아름다운 추억의 정수처럼 당시의 애틋한 감흥을 그리움의 영상으로 승화시킨 작품이 아닐 수 없다.

사랑과 이별의 슬픔이 더없이 맑고 깨끗한 이 작품으로 말미암아 화자는 우리에게 감동을 준 순수한 로맨스의 명시들처럼 첫사랑의 아름다움을 한 편의 시로 그려 낸 셈이다. '남가일몽(南柯一夢)=덧없는 꿈'이 아니라 한 편의 추억어린 작품으로 승화된 그리움과 설렘의 매력을 지니고 있다. 우리는 이 작품을 통해 사랑과 운명의 아쉬움을 보면서 한편으로 시대적 아픔을 동시에 느끼게 된다. 그러므로 더욱 이 영상의 풍경은 안타깝고 애달픈 상황의 처지로 인하여 깊은 공명을 일으켜 주고 있다. 사랑은 추억의 창고와 같다. 몸과 마음이 파도처럼 출렁이는 사랑의 신비로움에 젖어들면 순수한 호기심이 깊어질 뿐, 그 어떤 격과 사리를 따질 수 없는 상태에 이른다. 누가 첫사랑의 자유롭고 신비로운 진실을 잊을 수 있겠는가. 이처럼 순수하고 불가사의한 구조를 지닌 첫사랑의 감흥을 들으면서 우리는 이 시를 통해 사랑의 아름다움을 더욱 긍정해 가는 마음을 가지게 된다. 사실 삶을 깨닫게 해 주는 힘이 사랑에 있기 때문이며 사랑 없는 만큼 삶의 행복을 상실하기 때문이다. 그러므로 사랑 이야기는 듣기만 해도 흥겹고 행복해진다. 따라서 우리는 인생의 행복을 발화시켜 주는, 이렇게 맑고 순수한 사랑 이야기의 향기를 전해 주고 있는 시인들에게 고마움을 느끼지 않을 수 없다.

한편 김기덕님의 어머니에 대한 사모의 정은 절절하다. '어머니'라는 말이 대지와 같이 시인의 가슴 속에 펼쳐져 있다. 김기덕님의 「사모곡」은 서사적 구조를 가지고 있는데 그중에서 두 연을 가져와 본다.

어머니 일생은 우리나라 근대 역사
일제 36년을 옹골지게 겪으시고, 해방. 전쟁. 혁명의
회용돌이 속에 자식들 올곧게 키우시느라 얼마나
힘드셨으면' 찌리고 따갑다'는 말을 입에 달고 계셨을까 –(3연)

초록산록 양지바른 안택에 몸 뉘이시고
열두 폭 병풍 펼쳐 놓은 듯 아름다운 취병산을
눈이 시리도록 바라보시며
자손들 안녕을 밤낮으로 빌고 계실 어머니 –(11연)

김기덕님의 「사모곡」은 어머니의 탄생에서 사후까지를 압축시켜 놓은 14연 62행에 달하는 작품이다. 이 한 편의 사모곡만 읽어도 김기덕님의 가계를 엿볼 수 있으며, 어머니를 중심으로 전개된 시대적 흐름을 감지하게 된다. 위에 인용한 (3연)은 어머니가 살아 계실 때의 정황이고, 그 아래 (11연)은 어머니 사후의 묘역 풍경이다. 우선 작품 속 주인공인 어머니는 세상을 떠나신 것이 분명하지만 시인의 가슴에선 언제나 살아 계신다는 것을 알 수 있다. 힘들고 가난하고 어려운 시대를 겪었기에 그 자신의 삶을 '찌리고 따갑다'고 하신 어머니 앞에선 그 어떤 시어로도 다 표현할 수 없는 고난의 숨결이 먼저 가슴을 울린다. 더구나 이 시에는, 이 땅의 근대사의 고난을 함께 겪어 온 그 시절 어머니들이 더불어 포함되어 있으므로, 시에 대한 작품성을 운운한다는 것 자체를 삼가지 않을 수 없다. 이미 시를 넘어선 고난의 비극적 감동이 분연히 밀려드는 까닭에 시를 읽는 순간 독자의 가슴을 '찌리고 따갑'게 만들기 때문이다. 그러나 어머니는 이제 돌아가셨으므로 고통 받지 않는다. 하지만 그렇게 살아오셨기에 어머니는 돌아가신 후에도 '자손들 안녕을 밤낮으로 빌고 계'신다. 이것은 어머니의 심정을 너무도 잘 알고 있기에 나온 말이다. 어머니의 삶을 동심에서부터 함께 겪어 온 어머니의 분신이기에 확고하게 감지한 의중의 내변(代辯)이다.

이제 우리는 이 「사모곡」의 풍경을 따라 '초록산록 양지바른 안택에 몸 뉘이'신 어머니와 함께 '열두 폭 병풍 펼쳐 놓은 듯 아름다운 취병산을/ 눈이 시리도록 바라'볼 때, 생사를 초월한 모자

상봉의 초연한 서정을 느끼지 않을 수 없게 된다. 사실 누구든 어머니가 겪었던 고난을 온몸으로 느끼는 순간이 오면, 한 편의 사모곡처럼 뭉클거리는 자신을 보게 되리라. 그뿐인가. 이 땅의 어머니들이 하늘나라에 가서도 '자손들 안녕을 밤낮으로 빌고 계'시다는 것을 오롯이 감지할 때, 아픈 역사 속 어머니들의 육화된 사랑에 동화되어, 내 안에 살아 계신 모성적 자애로 한 세상 남은 세월을 올곧게 살아 내는 깨우침을 얻지 않겠는가.

그러기에 김기덕님이 들려 준 사모곡은 어느새 화자 개인의 서정을 넘어 산천으로 번져 가는 모성적 운율의 공명을 지니고 있다. 이미 앞에서 언급한 바와 같이 작품에 대한 개입에 앞서 온몸으로 쓴 사모곡의 질박한 울림에 압도되지 않을 수 없다. 시인은 어머니의 생애에서 반영된 거울로 자신을 바라보고 있다. 어머니에 대한 사모의 정은 이미 동심에서 형성된 세계라고 볼 수 있다. 동심으로 회귀하듯 어머니에 대한 그리움을 안고 모성으로 들어가야만 사모곡을 쓸 수 있지 않겠는가. 이 사모곡을 쓰는 동안 시인은 이미 어머니와 온전히 하나가 되어, 어머니의 눈물겨운 삶의 언어를 자신의 육화된 숨결로 구구절절 막힘없이 전 생애를 읽어 내듯 뽑아 냈던 것이다. 그러기에 김기덕님은 이 시집 말미에 실린 작품에서도 "긴 여로 끝에/ 영원으로 가는 길목// 어머니 품으로 돌아와/ 초록산 하이얀 달그림자/ 홑이불 삼아/ 깊고 고요한/ 푸른 잠을 자렵니다// 앞섶에는 전천/ 발치에 두타산." (「고요한 귀향」 전문)이라고 장중하게 읊고 있다. 이승을 넘어 어머니를 만나게 되는 사모의 정이 그대로 아려드는 대목에서 우리는 시인의 가슴 속에 대지같이 펼쳐진 어머니의 존재를 더욱 실감하게 된다.

이제 김기덕님은 어머니의 일생을 사모곡으로 노래하듯 70줄을 바라보는 자신의 인생 여정을 담담하게 풀어 내면서 향후 미래상까지 예견해 보이고 있다. 앞질러 말해 본다면, 인생을 최선을 다해 살아온 경륜에서 나온 소회일 수도 있지만, 이 시는 인생을 보다 절실하고 지혜롭게 살아온 장력에서 빚어진 회상과 낙관적 비전이 담긴 걸작으로 다가온다.

무릉계곡 실개천 위로
두타산의 정령(精靈) 담은
종이배가 떠내려간다.
여울과 소(沼)를 힘들게 지나고
고요한 물길도 지나
내 종이배를 띄운 세월의 강은
6학년에 접어들고
시나브로 9반에 이르렀다

개천 끝머리에서 용트림 한번 하고
종이배는 넓은 들판 깊은 강에 닿아
물고기들과 동무하며 아래로 흘러간다

세월의 강이 7학년에 다다르면
너 배울 과목은 문 · 사 · 철(文 · 史 · 哲)과 복지학일 터
인문학의 집터 위에 사랑의 집을 실은
종이배는, 갯목에 이르러
짠물에 달빛 적시어
상처받은 고기들을 어루만져 주며

더불어 노닐다가

어느 폭풍우 치는 날
큰물에 휩쓸려 바다에 흘러들어
새끼별, 종이배에 싣고
우주 품을 유영하리.

—「종이배의 행로」 전문

이 작품은 우선 제목부터가 매우 신선하다.「종이배의 행로」라니, 내용으로 볼 때는 '인생 행로'가 분명하지만 '종이배의 행로'라고 붙이니까 놀랍게도 은유적 의미망이 일파만파로 확장되고 있다.

이 시에서 '종이배'는 '인생의 유한성'을 암시하면서 동시에 '동심'과 '가벼움'과 '꿈'의 상징들을 연상케 해 주고 있지만 무엇보다도 '종이배' 자체의 동적인 요소보다는 '흐르는 물'에 의지되는 순항의 경지를 드러내고 있다. 이 시에서 '종이배'는 곧 김기덕님 자신이다. '무릉계곡'과 '두타산'은 바로 그의 고향 삼척 일원을 의미한다. 따라서 '종이배'가 띄워진 시점은 자신이 고향에서 태어난 때를 뜻하게 된다. 그러니까 이 시에서 '종이배' 한 척을 '무릉계곡 실개천'에 띄우자마자 한 사람의 인생 행로가 시작되어 흘러가게 되었다는 것을 알 수 있다. 자, '물'은 '세월'과 같고 '종이배'와 '물'은 운명적으로 함께 흘러간다. 1연에서 '종이배'는 이미 '여울과 소(沼)를 힘들게 지나'왔다. 그야말로 가벼운 '종이배'가 물결이 소용돌이치는 '여울과 소(沼)'를 무사히 지나올 수 있었으니,

이 얼마나 위태로운 삶이었는지는 상상에 맡길 수밖에 없을 정도다. 어쨌든 '종이배'는 '고요한 물길도 지나' 드디어 '6학년(60세)에 접어들고' '시나브로 9반(69세)에 이르'게 되었는데, '물'에 떠서 '6학년 9반'까지 흘러오기까지 '종이배'로 치환된 인생 여정이야말로 기적 같은 일이 아니고 무엇이겠는가. 참으로 '가볍기' 짝이 없는 '종이배' 한 척을 '물'에 띄운 이 시의 메타포의 핵심은 바로 '인생은 기적'이라는 깨우침을 던져 주고 있다.

논리적으로 볼 때 과연 '종이배' 한 척이 70년 가까이 '물'에 떠서 부서지거나 침몰하지 않고 흘러올 수 있을까? 삶이 이러한데도 이 시에 의하면 김기덕님은 '인생의 기적'을 믿었을 뿐만 아니라 '종이배'의 '가벼움(지혜)'을 이용해서 당차고 여유롭게 70년 가까이 침몰하지 않고 살아온 것이다. 오히려 이제, '개천'을 지나 '깊은 강'에 이르러서는 '물고기들과 동무'를 삼는 여유와 기쁨까지 가지게 되고, 더 나아가 '7학년(70세)' 이후, "종이배는, 갯목에 이르러/ 짠물에 달빛 적시어/ 상처받은 고기들을 어루만져 주며/ 더불어 노닐" 정도가 되었다. 이 같은 김기덕님의 시편을 통해 '인생'도 '기적'이 되고 보면 두려움이 사라지는 경지가 있음을 알게 될 때, 우리는 무릎을 치듯 한 인간이 지닌 존재의 위태로움과 위대함을 동시에 깨닫는 절경을 공감하게 된다.

한편 '종이배'의 미래상으로 제시한 시어를 따라가 보면 지금까지의 삶보다는 더욱 깊고 넓은 삶으로 확장되고 있음을 알 수 있다. 아직 다가오진 않았지만 70세 이후의 김기덕님의 삶은 이전보다는 훨씬 더 여유를 갖게 되는데, 이는 곧 「종이배의 행로」가 삶과 죽음을 초월하여 "어느 폭풍우 치는 날/ 큰물에 휩쓸려 바다에 흘러들어/ 새끼별, 종이배에 싣고/ 우주 품을 유영 하"게 되는, 영원을 향한 꿈의 실현까지 그려 내 보이고 있다. 홀연 자신의 미래를 예견한 '우주의 품' 같은 고요가 밀려든다. 이에 앞서 김기덕님의 '종이배'는 새롭게 변신하게 된다. "세월의 강이 7학년에 다다르면/ 더 배울 과목은 문 · 사 · 철(文 · 史 · 哲)과 복지학일 터/ 인문학의 집터 위에 사랑의 집을 실은/ 종이배"로의 변신이다. 우리는 여기에서 김기덕님의 예지랄까, 혜안이랄까, 자신이 바라는 '꿈'에 알맞도록 미리미리 대비하는 능동적이고 긍정적이면서 미래 지향적인 자세를 엿보게 된다. '물의 흐름', 곧 '삶의 흐름'에 대한 이해력을 끊임없이 일구어 내지 않은가.

앞쪽에서 미리 언급했듯이, 김기덕님은 '종이배'가 부서지거나 침몰하지 않도록 절실하고 지혜롭게 살아온 의지적 장력을 지니고 있다. 그리고 이 장력의 중심에는 바로 '사랑의 집'이 지어져 있다. '사랑의 집'이라니! 이 얼마나 완벽한 집이며 완전한 '종이배'인가! 영원까지 부서지거나 침몰하지 않을 '사랑의 집'을 '종이배'에 실어 놓은 김기덕님의 '꿈'은 어느새 시공을 초월해 가고 있다. 김기덕님의 동심에서 '새끼별'이 실려 있는 '종이배'는 그리움의 꿈속 같은 모노톤의 신비로 펼쳐지고 있다. 자신의 목적지를 바라보는 안목을 가지고 항상 별빛처럼 깨어 살아가는, 그 지혜로운 메타포를 그리움의 알곡처럼 담아 놓은 시가 바로 「종이배의 행로」다. 그리고 이 「종이배의 행로」야말로 필자가 맨 앞부분에서 전개한 바와 같이 삶의 추억들을 안고 동심으로 회귀해 가는 인생 여정의 암시적인 모습이며, '사랑'으로 표현된 존재의 가치와 운명적인 순항을 그린 상징적 묘미가 담겨 있는 작품이라고 할 수 있다.

*

지금까지 김기덕님의 첫시집 중에서 몇 편의 시를 골라 감상해 보았다. 지면상 많은 작품을 인용하지는 않았지만 이 시집을 통해 화자와 독자가 교감할 수 있는 김기덕님만의 깊은 시향이 멀리 번져 가리라 생각한다. 시는 언제나 시인을 말해 준다. 시인으로서 김기덕님은 약력에 밝힌 바와 같이 삶을 깊이 있게 관찰하고 경험한 경륜을 지닌 분이다. 시 곳곳에 드러나 있듯이 어떤 기교나 가식이 없는, 언행이 일치된 시어를 구사함으로써 더없이 자연스럽고 투박한 그릇에다 맑고 깨끗한 시의 향기를 담아 낸다. 이는 여간해서 도달할 수 없는 하나의 경지가 아닐 수 없다. 이 시집에는 차돌맹이같이 매끄럽게 다듬어지지 않았어도 더욱 진한 향기를 머금고 있는 시편들이 있고, 알아들을 수 없는 말로 사람을 괴롭히지 않으면서도 더없이 맑은 약수 같은 시편들이 담겨 있다. 하늘마음을 닦아 온 경지를 느끼게 한다. 그러기에 다시금 말하지만 시와 시인의 심성이 하나로 드러난 이 시집을 두고 '동심으로 회귀하는 그리움의 경전'이라 했다. 한 시인의 생애가 담긴 시집은 경전 같고, 그 동심이 하늘을 향하고 있기 때문이다. 물론 이 시집 속에는 다양한 의미로 전개된 시편들이 있다. 그러나 한결같이 화자가 맞이하고 있는 삶과 추억에 대한 애정과 인간 관계의 의미망에서 기인된 시어들이 서로에게 유기적으로 기여하면서 동심의 모자이크를 이루고 있다. 이러한 모습은 곧 김기덕님이 하늘마음으로 갈고 닦아 온 영성적 경륜의 바탕에서 비롯된 시적 언술이자, 격동기의 여정 속에서도 끊임없이 동심과 시심을 잃지 않고 인생을 경작해 온 내적 언술이 맞물려 있기에 그렇다.

'동심으로 회귀해 가는 그리움', 여기에서 '동심'이란 얼마나 순수하고 아름답고 단순하고 신비로운 경지를 지닌 세계인가! 예수님께서 "사실 하느님의 나라는 이 어린이들과 같은 사람들의 것이다. 내가 진실로 너희에게 말한다. 어린이와 같이 하느님의 나라를 받아들이지 않는 자는 결코 그곳에 들어가지 못한다."(마르코 10, 14~15) 라고 단호하게 말씀하셨듯이 동심은 곧 영원한 삶의 꿈을 이루게 되는 비결이자, 시의 생명력을 완성해 가는 신비로운 첩경을 지니고 있다. 앞으로도 김기덕님의 인생을 더욱 빛내 주는 시편들을 기대하며, 부디 건안건필하시기를 빌면서 글을 마친다.

종이배의 행로 • 김기덕 시집

초판 1쇄 • 2014년 7월 30일

지은이 • 김기덕
펴낸이 • 이형로
펴낸곳 • 도서출판 황금마루

출판등록 • 제2010-000158호
주소 • 우편번호 412-818
경기도 고양시 덕양구 능곡로 30-11, 103동 2503호
(토당동, 현대1차 홈타운)
전화 • 031-979-9908
핸드폰 • 010-5286-6308
이메일 • iplee6308@hanmail.net

값 • 12,000원
ISBN • 978-89-965832-3-3